A TRAJETÓRIA DE UM PUBLICITÁRIO COMUM

Ideias para a formação do profissional de propaganda

ANDRÉ PORTO ALEGRE

A TRAJETÓRIA DE UM PUBLICITÁRIO COMUM

Ideias para a formação do
profissional de propaganda

© 2014 – André Porto Alegre
Direitos em língua portuguesa para o Brasil:
Matrix Editora - Tel. (11) 3868-2863
atendimento@matrixeditora.com.br
www.matrixeditora.com.br

Diretor editorial
Paulo Tadeu

Capa
Daniela Vasques

Diagramação
Alexandre Santiago

Revisão
Adriana Wrege
Silvia Parollo

Dados Internacionais de Catalogação na Publicação (CIP)
SINDICATO NACIONAL DOS EDITORES DE LIVROS, RJ.

Alegre, André Porto

A trajetória de um publicitário comum : ideias para a formação do profissional de propaganda / André Porto Alegre. - 1a. ed. - São Paulo : Matrix, 2014.
144 p. ; 21 cm.
ISBN 978-85-8230-110-4

1. Propaganda. 2. Publicidade. I. Título.

13-07470　　　　　　　　　　　　CDD: 659
　　　　　　　　　　　　　　　　　CDU: 659.1

À Lea Maria e Alfredo José, meus amados pais,
que me ensinaram o valor do conhecimento.

Aos meus irmãos, Alana, Alice e Artur,
que me ensinaram o valor da fraternidade.

À Maura Campanili, minha eterna
companheira, que me ensinou o valor do amor.

Aos meus filhos, Alexandre, Adriana e
Catarina, que me ensinaram o valor da vida.

Sumário

Apresentação...11
Os contadores de histórias......................................13
Um bom contato todos os dias................................17
O que eu quero ser quando crescer.........................19
Estudar é preciso, trabalhar não é preciso..............24
Juniorização, seu nome é burrice............................26
Pela porta da frente..28
O primeiro emprego a gente sempre esquece........32
É namoro ou amizade?...35
O pão nosso de cada dia..37
Entradas, bandeiras e propaganda..........................39
A maior padaria do mundo......................................42
A primeira grande empresa.....................................44
Eu fiz parte da Turma da Mônica............................47
Um avatar em Cannes..51
Meu eu vintage...54
Um boi para não entrar e uma boiada para não sair...........56
Um mestre com carinho..58
A fórmula do sucesso...60
Regulamentação não é palavrão.............................63
O meu próprio negócio..65
Ser dono do próprio nariz.......................................68
Só faltava vender livros!..70
Publicitário de carteirinha......................................71
A mentira tem mídia curta......................................73

Back to the propaganda..............................77
Na elite da propaganda.............................79
Meu encontro com Deus, ops, com DeDeo..............80
Todo mundo tem o mesmo patrão......................87
Boca Virgem ou BV..................................90
Sopa de letrinhas..................................92
Pergunte o que você não sabe.......................95
Bureau, aquele cujo nome não se diz................98
A decadência do modelo brasileiro de propaganda...101
Propaganda não faz mal a ninguém..................103
A enganosa ideia da propaganda enganosa...........105
Minhas primeiras demissões........................107
Demitidos do Twitter..............................109
Minha energia no varejo...........................111
O negócio da propaganda...........................113
Como se ganha dinheiro em propaganda..............115
Medalha, medalha, medalha.........................121
Luz, câmera e veiculação..........................123
Midiazinha de uma nota só.........................125
Quem são os caras.................................127
Os meus nãos......................................130
Comer o ovo da galinha feliz......................132
O ensino da propaganda no Brasil..................135
A queda da propaganda.............................137
Você encontrou tudo que queria neste livro?.......139

Prefácio

Li *A Trajetória de um Publicitário Comum* e logo me identifiquei com a história de André Porto Alegre. É um livro verdadeiro, que mostra a história de um publicitário inquieto. André tem a qualidade principal para poder exercer esse ofício: ser curioso. E exerce a arte de contar histórias com maestria ao longo das páginas deste livro. Logo no começo, André mostra outra qualidade intrínseca a nossa profissão: gostar de gente. Tanto que, desde o início, ele assume a missão de ser um bom contato todos os dias. E ainda conta a saborosa conquista, em pleno voo, da conta de uma multinacional de conservação e limpeza, a ISS. Tudo porque ele teve a sorte de se sentar ao lado da chefe de Recursos Humanos da empresa e, claro, de entabular uma boa conversa.

Esse lado empreendedor, fundamental em nossa atividade, é demonstrado com simplicidade por André. O foco no relacionamento, a humildade de saber aprender e captar conhecimento em cada pessoa e também a habilidade de estar com o radar ligado o tempo todo. Porque todo publicitário é, em essência, um criativo em busca de uma ideia que, uma vez realizada, vai fazer a marca dar um salto e se conectar com milhares de pessoas. Todas essas características formam um bom profissional de comunicação. E, como bem disse André, é muito importante para nós estudar e acumular conhecimento, porque o bom publicitário não pode se "juniorizar" ao começar a trabalhar muito cedo e deixar de lado a própria formação.

O livro expõe de forma didática a dificuldade do início, a porta de entrada do profissional em qualquer área da agência e os desafios crescentes que certamente aparecerão na carreira. E reforça a capacidade do bom contato de conectar pessoas, construir e posicionar marcas, desenvolver produtos e serviços, abrindo ou incrementando os negócios de várias categorias do mercado, o que gera riquezas, empregos e impostos.

Como bem disse André, a propaganda é uma indústria que representa a ponta da economia criativa, responsável por cerca de 1% do nosso PIB. Por isso, destaco os capítulos nos quais, com muita contundência, André nos apresenta o papel do publicitário na defesa dos interesses da nossa propaganda, mostrando a importância da participação associativa, em que ele, como presidente da APP, fez enorme diferença. Posso até discordar de alguns pontos elencados com muita propriedade por André quanto ao modelo brasileiro de agências de publicidade, mas não posso deixar de reconhecer e me identificar profundamente com sua paixão, que, aliás, nos move em direção a esse futuro disruptivo no qual percorreremos essa grande avenida digital, integrando ideias e plataformas de mídia.

Ao ler este livro, você certamente se inspirará para criar sua história.

LUIZ LARA, CHAIRMAN DA LEW'LARA/TBWA

Apresentação

Nos últimos trinta anos tenho me dedicado à formação de profissionais de propaganda. Seja em sala de aula, nas palestras, nos debates, nas reuniões associativas ou nos festivais universitários, minha militância é para o aprimoramento dos instrumentos do ensino da publicidade no Brasil.

Em minha perspectiva, a qualificação do aluno está atrelada à valorização do profissional, por isso o constante chamamento para que a academia e o mercado de trabalho travem um diálogo vigoroso visando o incremento das práticas do aprendizado da profissão.

Nessa jornada me deparei com uma realidade que se distingue da imagem de um Brasil "cabeçudo". Existem escolas superiores de propaganda em 25 dos 26 estados da federação, além do Distrito Federal. Isso confere à profissão de publicitário uma dimensão nacional que se justifica pela exuberância da distribuição de veículos de comunicação e pela representatividade dos valores envolvidos, algo como 1% do Produto Interno Bruto (PIB) nacional.

A Trajetória de um Publicitário Comum – Ideias para a formação do profissional de propaganda é um depoimento genuíno de um publicitário como tantos outros espalhados pelo país, entremeado de análises sobre os vícios e virtudes do nosso mercado.

Não há a exaltação do sucesso, tampouco as mazelas do fracasso, há uma sucessão de fatos que poderia perfeitamente se ajustar à vida profissional de qualquer estudante de publicidade e propaganda.

Também não se trata de um manual de sobrevivência, porque a trajetória de cada egresso dos cursos de publicidade no Brasil é escrita por ele, no dia a dia da atividade. Portanto, meu desejo é que este livro sirva de inspiração para que mais publicitários se dediquem ao debate das ideias sobre a formação do profissional de propaganda.

Os contadores de histórias

Nós somos contadores de histórias. Fazemos isso por vocação. Nossas histórias são preparadas cuidadosamente por diversas pessoas. É como se fosse uma linha de montagem de histórias. São histórias encomendadas, eu sei. Mas que mal há nisso?

Estudamos, e não é pouco, para, cada vez mais, contar melhores histórias. Mais verdadeiras, mais éticas, mais bonitas. Não temos preconceito quanto à forma. Contamos histórias na TV, no cinema, no rádio, nas revistas, nos jornais, nos outdoors, na internet, e hoje, cada vez mais, inventamos novos locais, milhares deles, para contar nossas histórias. Esse é um propósito. Onde houver alguém, descobriremos uma forma de contar nossas histórias.

Somos remunerados por isso. Sim, essa é uma profissão. Contar histórias é uma atividade remunerada no mundo todo onde muitos contam histórias. Até nos reunimos para uns ouvirem as histórias dos outros. Fazemos isso uma vez por ano em determinados locais. Juntos, contadores de histórias do mundo todo, contando um para o outro as histórias criadas no último período anual. Nesse momento, as melhores histórias – aquelas mais encantadoras, mais convincentes, mais persuasivas, que servirão de referência no mundo todo para outros contadores, para os novos contadores – recebem prêmios. E como gostamos dos prêmios.

Em alguns momentos, brigamos para contar histórias. Brigamos pelo direito de conquistar uma história para contar. É uma briga digna das grandes disputas. Preparamo-nos, criamos estratégias, táticas, desenvolvemos um poderoso material bélico entre roteiros e layouts.

Ensaiamos à exaustão e apresentamos nossas histórias. Como em todas as disputas, um único contador recebe o direito de contar sua história.

Alguns de nós, por contar durante muitos anos histórias parecidas, são reconhecidos por nós e pelos que encomendam nossas histórias como especialistas em um segmento de histórias.

Existem escolas para nos ensinar a contar histórias. Muitas delas espalhadas pelo mundo. Em nosso país, possuímos dezenas, centenas delas. Em todo canto deste país cheio de histórias, temos uma escola para nos ensinar a contá-las. Isso é bom. Porque em cada local há um jeito, uma forma de contar histórias.

Como contamos muitas histórias, de diferentes formas, em diversos locais, nos preocupamos em manter alguns critérios éticos. Por isso temos regras próprias de conduta, e admitimos que, em alguns momentos, nos excedemos em nossas histórias e aceitamos revê-las para que se ajustem melhor aos critérios éticos por nós mesmos definidos.

Somos muitos, então foi necessário definir de que forma recebemos por nossas histórias. Isso é uma conquista. Como recebemos, em linhas gerais, da mesma maneira, não somos escolhidos pelo custo ou pelo preço, e sim pelo talento em contar histórias.

Talento, para nós, é mais que uma palavra. É um conceito, uma ideia, um valor. Em nossa linha de montagem de contar histórias temos diversos talentos.

Os talentos do planejamento, atentos à encomenda da história e seus objetivos. Em muitas ocasiões, esses talentos traduzem a encomenda difusa. Organizam a confusão de propósitos da encomenda. Quem encomenda quer contar um monte de coisas em uma única história. Os talentos do planejamento não permitem isso, ou melhor, indicam qual é a melhor história entre as tantas existentes em uma encomenda.

Eles não fazem isso sozinhos; ninguém faz. São auxiliados pelos talentos do atendimento. Profissionais que vivenciam as aspirações, desejos e vontades inseridas na encomenda. Esses ainda são motivados a organizar a linha de montagem. Ávidos no propósito de contar histórias, nos atropelamos, e lá estão os talentos do atendimento zelando pela organização da linha de montagem.

Essa linha de montagem tem outros contadores. Tem aqueles com o poder de indicar o melhor local para nossas histórias serem contadas. São os talentos da mídia. Apoiados em uma série de pesquisas, eles indicam onde nossa história será mais ouvida e, principalmente, quem mais quer ouvi-la.

Quando sabemos onde vamos contar nossas histórias, nos dedicamos a adequá-las ao meio selecionado, e isso cabe ao talento da criação. Esse profissional transforma ideias em histórias persuasivas, capazes de antecipar tendências, modificar conceitos, criar modas, mas na maioria das vezes o principal objetivo é ter uma história bem contada.

Histórias bem contadas povoam os diferentes canais de comunicação. Lugares de consulta permanente, diária. TVs, rádios, revistas e jornais possuem também contadores de histórias. São aqueles de nós responsáveis pela inserção das histórias no contexto dos veículos. Esses apresentam constantemente novas oportunidades para que nossas histórias sejam mais bem contadas, mais admiradas e mais eficientes. E ainda há muitos contadores. Há os que produzem as histórias. Na forma de fotos, vídeos, vozes ou qualquer outro formato, esses profissionais dão cara, cor ou som às histórias.

Em todo esse processo, movimentamos milhões, bilhões de reais, e alguns de nós, além de ricos, se tornam celebridades. Tudo fruto de uma história bem contada. Existem as histórias oficiais, aquelas patrocinadas pelos governos. Existem as histórias privadas e as histórias voluntárias, militantes. E é aí, nesse aspecto, que está a origem dos contadores de histórias.

Antes da Revolução Industrial e, consequentemente, antes do mundo alicerçado entre produção e consumo, os contadores propagavam ideias. Ideias em que eles acreditavam e pelas quais, literalmente, brigavam. A mais conhecida, longa, organizada e convincente propaganda de ideias de que se tem notícia são as Cruzadas, na Idade Média. De alguma maneira, continuamos a invadir países para apresentar (alguns falam em impor) padrões de comportamento e consumo. Hoje, na liderança desse processo, em vez da Igreja, estão as marcas. Fortes e endinheiradas, as marcas contratam contadores do mundo todo para, em diferentes línguas, contar suas histórias.

O passar do tempo e o andar das coisas fizeram com que estabelecêssemos uma distinção entre propaganda e publicidade. Sem polemizar, o mais simples é pensarmos que o que fazemos é propaganda e o que estudamos é publicidade. A publicidade é o conjunto de técnicas que utilizamos para fazer propaganda, para contar histórias.

Então, propagandistas ou publicitários, temos histórias para contar, muitas delas sobre muitas coisas, e essa competência, talento e vocação nos transformam em CONTADORES DE HISTÓRIAS.

Um bom contato todos os dias

Na década de 1980 o jornal *Folha de S. Paulo* utilizava a frase "Um bom jornal todos os dias" como sua assinatura publicitária. Na época, apesar da aparente prepotência do veículo (que também existia), havia no posicionamento uma menção direta a um dos principais diferenciais da *Folha* perante seu concorrente direto, o *Estadão*, que era o fato de ser publicado todos os dias, inclusive às segundas-feiras, quando o tradicional jornal da família Mesquita não circulava.

A frase me soava estranha para uma publicação com as pretensões da *Folha de S. Paulo*, de se tornar uma das referências de jornal no cenário nacional. Creio que por isso, quando fui contratado pelo departamento comercial como contato publicitário, assumi a alcunha de "um bom contato todos os dias", mais adequado, convenhamos, às minhas pretensões de me estabelecer no mercado publicitário.

Em 1984 a *Folha* passava por uma das mais radicais transformações a que um veículo de comunicação já foi submetido no mercado brasileiro. Otávio Frias de Oliveira, sócio da Empresa Folha da Manhã S.A., editora da *Folha*, junto com Carlos Caldeira Filho, com quem havia comprado o jornal em 1962, liderava uma revolução editorial e comercial que mudaria a história da empresa, juntamente com seus filhos Otávio Frias de Oliveira Filho, o Otavinho, e Luiz Frias de Oliveira, o Luizinho.

No aspecto editorial a *Folha* conquistava pontos graças ao posicionamento independente e aos talentos de Matinas Suzuki, Caio Túlio, Carlos Eduardo Lins e Silva e outros tantos jovens jornalistas que, junto com Cláudio Abramo, Boris Casoy, Janio de Freitas e Clovis Rossi, imprimiram uma nova forma de fazer jornal. Mas no aspecto comercial faltava convencer os anunciantes e suas agências de que a classe média paulistana emergente e no embalo da abertura política havia mudado de periódico e adotado a *Folha* como seu porta-voz.

É nesse simplificado cenário que sou contratado para ser responsável pelos anúncios do segmento de alimentação veiculados no jornal e me transformo em "um bom contato todos os dias", mas isso é conversa para daqui a pouco.

O que eu quero ser quando crescer

Não há muitos indícios sobre os fatores que levam um jovem a decidir pela profissão de publicitário. Simplistas são as análises que consideram a fama e o dinheiro. O número de publicitários famosos e endinheirados é o mesmo que se observa em qualquer outra profissão no Brasil.

Por que a cada ano milhares de jovens se inscrevem nos vestibulares de propaganda, a ponto de transformar a carreira na mais concorrida habilitação dos mais importantes vestibulares do país?

Há alguns anos eu culpo nossas avós. Defensoras incontestes dos nossos talentos, mesmo aqueles mais obscuros, nossas avós indicam como virtude competências naturais. A expressão "como você é criativo" é um convite à reflexão sobre nosso futuro profissional e à exploração desse patrimônio criativo que só os olhos calejados de nossas avós conseguem identificar.

E, na dúvida sobre o que ser quando crescer, resgatamos o "como você é criativo" como um chamado, uma vocação. As classes do primeiro ano do curso de publicidade são lotadas de jovens criativos, pelo menos no critério de suas avós. Essa criatividade precisa se transformar em conhecimento, e esse é um desafio exclusivo do aluno.

A escola é uma empresa prestadora de serviços. Com qualidades e defeitos inerentes às empresas e, no caso, às grandes empresas. Então é fácil concluir que as escolas já sabem o que querem ser quando crescerem. E nós? Nós temos uma jornada de formação com o objetivo de sermos publicitários não só quando crescermos, mas desde o momento em que entramos no curso.

Precisamos de treino para pensar como publicitários. E os publicitários pensam nas histórias que vão contar e como elas podem ser melhores, mais eficientes, mais bonitas, éticas e rentáveis. Não há segredo. Se admitimos que somos contadores de histórias, é obrigatório que nossa formação passe pelo pensamento constante nas histórias que vamos contar.

Defendo a escola como o local ideal para formação do publicitário e não acredito no conflito entre a prática e a teoria. Ambas as experiências, a prática e a teoria, administradas com competência, contribuem para a formação do profissional.

As mais de 300 escolas de propaganda espalhadas pelo Brasil organizam seus cursos de maneira a garantir ao futuro publicitário um conjunto de competências adequadas às demandas do mercado de trabalho, e disso faz parte muita teoria.

Ao contrário do senso comum, que supervaloriza as práticas do dia a dia como canal de formação profissional, os repertórios oferecidos pelo conhecimento teórico são a garantia de um publicitário inovador. Inovador e não criativo, como pensavam nossas avós. A inovação se dá pelo conhecimento dos processos históricos, econômicos, sociais, políticos e culturais que determinam novos comportamentos e anseios de uma sociedade de consumo, matéria-prima para os contadores de histórias.

Para se entender a estrutura curricular de um curso de publicidade e propaganda no Brasil, deve-se considerar a seguinte divisão:

MATÉRIAS OBRIGATÓRIAS: ocupam em média 20% da carga horária e dizem respeito à formação básica e instrumental inerentes a qualquer curso superior no Brasil. A queixa geral por parte dos alunos é o distanciamento que esses conteúdos têm da propaganda. Recém-ingressados nas faculdades, esses jovens querem "colocar a mão na massa" e se veem submetidos a questões que fazem parte de um passado muito recente vivido nas escolas no final do ensino médio.

Cabem aqui dois alertas. O primeiro é para que os alunos de publicidade entendam a importância dessa área de conhecimento abrangente e genérica inserida nas matérias obrigatórias. Os futuros talentos de mídia, criação, atendimento e planejamento precisam conhecer história, economia, estatística e, pasmem, português.

Outro alerta é para professores e coordenadores dos cursos de publicidade e propaganda. Quanto mais exemplos do universo publicitário os alunos tiverem em suas aulas de matérias obrigatórias, mais próximos da profissão que escolheram se sentirão. Isso motiva e valoriza o futuro profissional, além de diferenciar o curso.

MATÉRIAS DE HABILITAÇÃO: ocupam em média 45% da carga horária e são responsáveis pela formação profissional do futuro publicitário. O ideal é que esgotem todo o repertório de conhecimento sobre propaganda. Planejamento, pesquisa, atendimento, mídia, criação e produção são as grandes áreas de competência, e estas ainda derivam para outras tantas.

Recomendo aos coordenadores de curso cuidado com a nomenclatura das matérias. De uns tempos para cá, a procura constante de diferenciação entre as escolas afeta a imaginação dos que dão os nomes às disciplinas, que usam com frequência as expressões "aplicada" no meio e "digital" no final, conferindo às matérias uma falsa sensação de modernidade.

MATÉRIAS ELETIVAS: ocupam 25% da carga horária e consistem na formação complementar do publicitário. Em muitos casos, fazem parte da grade horária regular dos cursos e perdem o caráter eletivo, que sugere que o aluno pode escolher áreas de competência mais simpáticas a ele e às suas aptidões.

Acredito que as escolas deveriam dar mais atenção a essas disciplinas. Aspectos regionais da comunicação publicitária podem ser tratados nesse momento. Nos últimos anos, visitei diversas regiões do Brasil e suas escolas de propaganda e me surpreendi positivamente com a abordagem que os aspectos regionais assumem em muitas delas.

Atenção, alunos, professores e coordenadores dos cursos de propaganda, para o incentivo ao estudo e o desenvolvimento da comunicação regionalizada.

TCC, A AGÊNCIA EXPERIMENTAL E O ESTÁGIO: ocupam 10% da carga horária do último ano do curso, quando todos já não querem mais se ocupar de nada. Os Trabalhos de Conclusão de Curso se aperfeiçoaram de tal forma nas escolas de propaganda brasileiras que se confundem com trabalhos de profissionais. Isso é fruto do acesso fácil que os alunos têm às ferramentas de criação e de produção, tanto do trabalho como das peças publicitárias. As experiências vivenciadas durante a elaboração de um TCC são muito próximas daquelas da vida real profissional, a começar pela administração das pessoas do grupo de trabalho.

Depois de mais de vinte anos analisando TCCs, afirmo com convicção que a grande maioria dos trabalhos é correta, mas sem ousadia. Presos a roteiros preestabelecidos e de olho nas notas que podem garantir a formatura, os alunos apresentam uma quantidade enorme de peças publicitárias. Essa atitude visa atender um vício das escolas em estimular a utilização de múltiplas ferramentas de comunicação, como se a quantidade pudesse garantir a qualidade do trabalho, e isso, muitas vezes, não ocorre.

Existem, ainda, as Agências Experimentais. Instaladas no interior das escolas, as agências não atendem a totalidade dos alunos matriculados e se transformam em um laboratório restrito à experiência de poucos. Há agências experimentais de muita qualidade no Brasil, que se propõem a desenvolver trabalhos de comunicação para as escolas, ONGs e à comunidade.

Sobre os estágios, há pouco o que se falar. As escolas não oferecem um programa de estágio na área, tampouco as agências, veículos, produtoras ou clientes.

De qualquer forma, o mercado de ensino de propaganda não definiu um modelo de atuação que facilite o acesso ao mercado de trabalho, e esse é um desafio das escolas, dos profissionais que atuam em propaganda e das empresas vinculadas à atividade. Criar um modelo de acesso ao jovem profissional não é uma atitude voluntariosa de abnegados engajados na colocação profissional, é obrigação de todos os profissionais de propaganda. Essa é a única forma de garantir o aperfeiçoamento, a qualificação e valorização do profissional de propaganda.

Estudar é preciso, trabalhar não é preciso

A formação do profissional de propaganda não se dá nas empresas, se dá nas faculdades e em todos os subprodutos que proporcionam informação. Chamo de subprodutos os eventos, palestras, feiras, congressos e todas as incontáveis possibilidades de promover relacionamentos. Sim, é para isso que esses momentos existem, para promover o relacionamento interpessoal.

Mesmo com toda a tecnologia à nossa disposição, tornou-se imperativo que, em algumas ocasiões, tenhamos um contato *face to face*. A relação digital ficou tão banalizada nos dias de hoje, que os momentos olho no olho assumiram uma grande importância.

Encontrar-se no *lobby* para uma conversa regada a café é o motivo do deslocamento de quilômetros até o local dos eventos. Desses encontros se esperam resultados nos negócios, e eu não duvido nada de que isso possa realmente ocorrer, tamanha é a vontade de todos para que ocorra.

As grandes corporações empresariais aproveitam os eventos para promover suas reuniões anuais com gente de todo o mundo, ou de parte dele. Esses encontros servem para troca de práticas de sucesso em diferentes realidades.

Participar de um evento é uma grande experiência. Depois de anos vivenciando esse tipo de situação, ainda não me cansei de admirar as inúmeras possibilidades de negócios e de ideias que surgem pelo simples fato de sairmos do ambiente de trabalho ou de estudo e explorar outros ambientes.

Na minha época de estudante, preocupado com a minha viabilidade – uma forma bonita de dizer "como ganhar dinheiro" –, participei pouco desses momentos, que na época de faculdade se traduzem nos seminários, palestras, encontros, festivais, fóruns e uma infinidade de nomes que significam a mesma coisa: um monte de gente junta conversando sobre um tema específico.

Depois de mais de trinta anos de trabalho em propaganda, uma das dicas que considero relevante é a de que os futuros profissionais de propaganda aproveitem o período de formação para se formar. Isso mesmo, se formar. E se formar não é servir café em agências de propaganda. Se formar é participar do processo de exposição à informação, retenção da informação e transformação dessa informação em conhecimento – e me parece que servir café é menos pretensioso do que isso.

A ânsia pelo estágio a qualquer custo, para fazer qualquer coisa, nada mais é do que uma forma de exploração de mão de obra desqualificada e barata. A ideia de que a formação profissional se dá pela vivência de determinadas situações reais da vida no ambiente de trabalho é uma verdade relativa.

É uma mentira, uma lenda a informação de que um publicitário se forma fazendo. É uma maneira de manter longe do conhecimento acadêmico uma vasta quantidade de profissionais que em anos de profissão não conseguem ascender profissionalmente, simplesmente porque não têm formação, apesar da atividade diária. O fazer tem seu papel reservado no teatro da formação do profissional, mas, acreditem, é um bom coadjuvante.

Juniorização, seu nome é burrice

O debate sobre a má formação dos jovens profissionais de marketing e propaganda, disfarçada sob a alcunha de juniorização, de verdade verdadeira, é burrice. Mas é difícil admitir que não sabemos (ou não queremos?) formar as novas gerações e prepará-las para nos substituir. Incentivamos nossos filhos a fazerem cursos de inglês em cidades interioranas dos Estados Unidos acreditando que o domínio da língua estrangeira é, por si só, passaporte para a competência. Pois não é. Estudar inglês em uma cidadezinha do Arkansas é experiência similar a estudar português no interior do Tocantins.

Portanto, não é de hoje que erramos na definição dos valores relevantes na formação do profissional de comunicação e marketing. Os líderes da nossa indústria não escrevem livros e não ministram aulas.

A juniorização não é tema de discussão. No começo de carreira, o profissional padece das experiências necessárias para o enfrentamento de algumas questões. Faltam os modelos, só isso. O que verdadeiramente choca nossos sentidos é o despreparo intelectual, a prepotência, a falta de referências, a carência de valores, enfim, tudo que costuma vir acompanhado da burrice.

Nossos jovens não são incentivados a desenvolver competências diferenciadas e relevantes, por isso valorizam a comoditização dos comportamentos. A fama de boa faculdade se perpetua, independente do fato de produzir ou não material acadêmico de qualidade; o domínio de uma ou mais línguas estrangeiras é supervalorizado em detrimento de outros conhecimentos mais importantes ao desenvolvimento profissional; os estágios em multinacionais são santificados, mesmo que as empresas não respeitem o desenvolvimento sustentável ou o meio ambiente. Tudo conspira a favor do medíocre.

É nesse ambiente que se promove a tal juniorização. O mais curioso é que aqueles que se dedicam à análise do fato não percebem que profissionais juniores no início de carreira continuam limitados por toda a vida profissional, comprovando a tese da burrice. Enquanto os jovens talentosos nunca são tratados como juniores, e sim como profissionais de próspero futuro.

Aos verdadeiramente interessados em mudar a crescente produção de profissionais despreparados, recomendo que suas empresas invistam mais em centros de excelência de formação profissional e menos nas consultorias de gestão, recomendo que os executivos se dediquem mais ao ensino e menos aos encontros de network, recomendo que os dirigentes escrevam mais livros e menos twitters, enfim, um conjunto de atitudes ao alcance de todos a fim de suplantarmos o culto à burrice e o ar de espanto que fingimos quando nos deparamos com a incapacidade alheia.

Pela porta da frente

Eu estudava Jornalismo na Faculdade de Comunicação Social Cásper Líbero, em plena Avenida Paulista e, como os meus colegas, queria escrever matérias que transformassem as coisas, porém, rapidamente, me convenci de que esse processo era demorado e decidi procurar um emprego.

Era o segundo semestre de 83 e o melhor local para se encontrar uma colocação eram os classificados do jornal *O Estado de S. Paulo*. Lá encontrei um anúncio para contato publicitário que me pareceu a coisa mais próxima do jornalismo e a coisa mais próxima da pensão em que eu morava. Eu poderia ir ao trabalho a pé.

Com um currículo debaixo do braço, fui ao local indicado. Participei de duas entrevistas, uma delas com o dono da agência, e saí contratado. O trabalho era de contato publicitário de anúncios classificados, um intermediário entre os anunciantes particulares ou pequenos anunciantes e os jornais.

A agência era especializada em classificados; existiam muitas dessas em São Paulo, e sua glória era a conquista de contas que veiculavam toda semana classificados de emprego. A Seven Comunicações (Neves, o sobrenome dos proprietários ao contrário) tinha, além dos classificados, a conta de uma loja de artigos de pescaria e armas (isso era permitido) chamada Mabel, na Florêncio de Abreu, centro de São Paulo, e ainda editava a revista *Indústria da Panificação*, a IP, de propriedade da Associação das Panificadoras do Estado de São Paulo e do Sindicato dos Panificadores do Estado de São Paulo. Em resumo, revista para padeiro.

A verdade é que os panificadores (donos de padaria) representavam na época um poder econômico e político, principalmente na cidade de São Paulo, o que transformava a revista IP em uma boa fonte de receita. Mas meu negócio, por enquanto, eram os classificados.

A ideia era de uma simplicidade absurda. Todos os dias eu deveria conseguir pessoas ou pequenas empresas dispostas a anunciar nos jornais de São Paulo ou em qualquer outro jornal brasileiro. O mérito da Seven era ter um ótimo relacionamento com o *Estadão* pelo fato de um dos sócios, João Alves das Neves, ser um antigo colaborador. Seu João era um jornalista português que migrou na ditadura de Salazar e foi trabalhar no jornal. Sua origem também facilitava o contato com a colônia portuguesa, de onde era a grande maioria dos panificadores.

Os contatos publicitários de anúncios classificados atuam em freguesias, ou seja, áreas geográficas que delimitam o trabalho. Como não havia outros contatos, escolhi a região da Avenida Paulista e do bairro da Pompeia, exatamente onde eu estudava e morava, respectivamente, assim, organizava o meu dia sem grandes deslocamentos.

Abordar pessoas para lhes oferecer algo de que não sabemos se elas têm necessidade é uma ciência, em que o talento é fundamental, desde que condizente com as regras de comportamento. Eu usava gravata. Considerava que dessa forma minha pouca idade (19 anos) era minimizada e os anunciantes confiariam mais em alguém que se preocupa com a aparência. Também sempre procurei exagerar nos sinais exteriores de uma boa educação. Além de tê-la efetivamente, muito cedo percebi que esse era um relevante diferencial. Vou explicar.

Sou de uma família de classe média, estudei em escolas particulares, não passei por nenhuma necessidade, ganhei um carro aos 18 anos, portanto não faço parte do grande contingente de brasileiros que muito cedo vai ao mercado de trabalho pela sobrevivência. Não me tornei contato publicitário de anúncio classificado porque precisava pagar meus estudos, minha alimentação ou a pensão em que morava.

Fui procurar emprego por pura previdência. Estou convencido de que a experiência profissional aliada a uma sólida formação teórica é a combinação ideal para um bom desempenho profissional no futuro.

Não seria difícil em 1983 eu ser confundido com os milhares de jovens brasileiros que à época, e ainda hoje, dedicam os melhores anos de suas vidas para trabalhar e estudar, mas não seria justo, isso não era eu. Portanto, esse foi o diferencial, o rapaz de formação que se empenha em acumular experiência profissional vendendo anúncios classificados. Deu certo.

Meu primeiro anúncio foi para um dentista disposto a vender um carro do modelo Opala. O veículo estava parado à porta do consultório com uma placa de "vende-se", por isso toquei no interfone e me apresentei como contato publicitário de anúncios classificados. Fui recebido pela secretária como um anjo que salvou sua vida, pois o patrão dentista havia lhe dado a incumbência de anunciar o carro e ela não sabia como fazer isso. Cabe o registro de que em 1983 os serviços de classificados pelo telefone estavam engatinhando.

Depois desse anúncio, veiculado no jornal *O Estado de S. Paulo* em um domingo, no formato de duas colunas por 50 toques, nunca mais parei de vender anúncios.

Simpático, educado, com cara de bom moço e sem problemas financeiros, sempre representei a antítese do vendedor chato. Até hoje não acredito na persistência como instrumento de vendas e acredito que, se um provável cliente não comprar, há um outro e, além desses, muitos outros. O bom vendedor não é o que insiste sobre uma venda, e sim aquele que a encontra.

A sorte do iniciante, somada ao posicionamento de moço de boa família disposto a investir no capital da experiência e vender anúncios classificados, chamou a atenção dos Neves da Seven, ainda mais que o Seu João era professor da Cásper Líbero, o que me tornava seu futuro aluno.

Com alguma frequência eu visitava meus pais em Porto Alegre, e fazia isso de avião, aproveitando os fins de semana. Em uma dessas viagens me sentei ao lado da chefe de Recursos Humanos de uma empresa multinacional de conservação e limpeza, a ISS, que investia semanalmente boas quantias em classificados de emprego, os famosos 4 colunas por 9 cm, os anúncios grandões dos jornais. Uma hora e meia de viagem foi suficiente para que eu conquistasse o cliente, insatisfeito com a prestação de serviço de sua agência, e me tornasse seu fornecedor de espaços publicitários. Acredite, os clientes estão sempre insatisfeitos com seus fornecedores. A atenção do começo do relacionamento não é a mesma do dia a dia. Isso acontece com todos os prestadores de serviço e deve ser, constantemente, motivo de preocupação. Outra lição: qualquer ambiente é bom para fazer negócios, desde que seja de maneira natural.

O primeiro emprego a gente sempre esquece

O primeiro emprego perde importância conforme vamos evoluindo em nossa carreira profissional, e é natural que lá pelo terceiro emprego nós, publicitários, deletemos de nossos currículos aquela primeira experiência profissional.

Isso ocorre porque, diferente de outras carreiras, os publicitários não saem da faculdade com uma formação específica. Não somos orientados nas escolas a ser mídias, criativos, planejadores, clientes ou atendimentos. Então nos lançamos no mercado como franco-atiradores.

Não raro ouvimos que não interessa a área, o que o jovem publicitário quer é trabalhar. Essa postura colabora com o processo de desvalorização do profissional de propaganda. Não é possível passar quatro anos em uma escola e sair dela sem saber o que queremos fazer.

Nossos primeiros empregos são experiências que pouco contribuem para a construção de uma carreira. Depois de alguns anos e alguns empregos, definimos uma trajetória profissional e, nesse momento, o primeiro emprego pode não auxiliar em nada.

A propaganda é uma atividade em que se cresce ziguezagueando. É muito difícil um plano de carreira. Nas agências, nos veículos e mesmo nos fornecedores, essa é uma realidade. O crescimento profissional se dá pela troca constante de emprego, e na troca se ganha a tão almejada promoção.

Esse não é um processo vantajoso para os empregadores que investem na formação de um profissional que possivelmente liderará outra empresa. Mesmo sabendo disso, as empresas de comunicação que empregam publicitários não reveem seus métodos de recursos humanos e deixam ótimos profissionais saírem de suas organizações e aplicarem todo o conhecimento adquirido na concorrência.

Nos clientes, esse fenômeno não é tão claro. As empresas são mais zelosas de seus investimentos e apresentam ao corpo funcional um plano de carreira que não compensa ser interrompido.

A propaganda tem portas de entrada. Indico sempre para os jovens profissionais recém-formados alguns caminhos que historicamente se mostram mais acessíveis para um início de carreira. A mídia é um deles. Essa é uma das mais importantes áreas de uma agência de propaganda e vem crescendo em importância nas estruturas dos clientes, que hoje já mantêm departamentos próprios de análise do investimento em mídia. E é essa importante área que permite ao jovem profissional acesso ao mercado de trabalho.

Mesmo suportada por uma série de tecnologias, a mídia é uma atividade obreira, ou seja, demanda tempo e uma dose de "mão na massa". Então as agências e os clientes contratam jovens profissionais para atender à demanda de trabalho, que invariavelmente é muita.

Definir onde é o melhor investimento para o cliente é o objetivo primário do profissional de mídia. De posse de informações sobre os meios, dados dos veículos e uma orientação dos clientes sobre público-alvo e verbas disponíveis, o mídia procura oportunidades para bons negócios. Esses bons negócios são a inserção do material criado. Filme para televisão, spot ou jingle para rádio, página para jornal ou revista.

Outra porta de entrada é a comercialização dos espaços publicitários. A venda de anúncios. Essa atividade é exercida pelo contato publicitário.

Antes de continuar, é importante estabelecer a diferença entre meio de comunicação e veículo de comunicação. Meio é o rádio, a TV, o jornal, a revista. Veículo é a rádio X, a TV Y, o jornal Z e a revista H. Os contatos são empregados pelos veículos de comunicação e seu papel primário é comercializar espaços publicitários nesses veículos.

Também cabe aqui uma outra consideração. Apesar do senso comum de que os veículos comercializam espaços, o que é vendido por um veículo de comunicação é sua audiência. O que tem valor – o patrimônio de um veículo – é o número de pessoas expostas à mensagem publicitária. O que vale em um programa de TV é sua audiência, o mesmo ocorre com o rádio. No caso das revistas e jornais, é sua tiragem.

Os espaços são padrões de comercialização, mas o que os clientes compram é o número de pessoas que irão assistir ou ler nossos anúncios. Os contatos vendem essas audiências em determinados formatos comerciais. E essa é outra porta de entrada para jovens publicitários. São centenas (se não milhares) de departamentos comerciais espalhados pelo Brasil empregando profissionais de propaganda em uma atividade altamente instigante, que colabora muito na formação dos publicitários.

A pesquisa é outra porta de entrada na profissão. Em empresas especializadas, agências de propaganda, veículos de comunicação ou clientes os departamentos de pesquisa se multiplicam em uma sociedade que valoriza o conhecimento, a informação e suas análises.

É namoro ou amizade?

A expressão "pegar o *briefing*" é singela diante da importância que o *briefing* tem na atividade publicitária. Pegar, agarrar, amarrar, dormir junto, enfim, entender o que o cliente quer com a campanha publicitária é metade do caminho andado.

O *briefing* é o começo de tudo e está errado quem pensa que o começo de tudo é de conhecimento exclusivo do cliente. Cabe ao profissional de propaganda colaborar na elaboração e organização das informações disponíveis para a feitura do *briefing*. Cabe checar os dados passados pelo cliente.

Algumas agências defendem o *contrabriefing*, que é a exposição da agência de considerações sobre o *briefing* inicial e suas dúvidas sobre os reais objetivos da campanha.

Trabalhei com alguns profissionais, principalmente de planejamento, especializados em identificar subtextos na solicitação de clientes. Desejos omitidos, vontades inconfessáveis, anseios escondidos, muitas coisas que não são ditas ou escritas nos documentos formais que compõem um *briefing*, mas que existem e são importantes para a construção de um raciocínio de comunicação pertinente.

Um bom exercício é o caminho inverso, que é o ato de, a partir de um anúncio, de uma peça publicitária criada e veiculada, identificar o objetivo do cliente.

Parece simples, e é. Tão simples quanto surpreendente. Muitas vezes os objetivos parecerão distantes da realidade da marca, do ambiente onde ela está inserida, de seu público, de seu canal de distribuição, enfim, distante de tudo que poderia ser familiar ao anunciante.

Isso é um problema que provoca a ineficiência de uma campanha publicitária e não tem nada a ver com criatividade. Uma campanha pode ser criativa, ousada e de excelente qualidade, preservando os objetivos do anunciante, tanto os verbais quanto os não verbais.

O *briefing* não é um ato isolado, um pedido temporal. É um processo de conhecimento do produto e do anunciante. Os formulários de *briefing* encontrados em muitos dos livros de propaganda são referências, formalidades para orientar o repertório de conhecimento que o profissional de propaganda deve ter sobre seu cliente.

É importante vivenciar o produto ou serviço. Temos o costume de usar os produtos para os quais trabalhamos. Isso ocorre para vivenciarmos a experiência daqueles que queremos convencer a usar ou a continuar usando a marca anunciada.

O melhor *briefing* é o conhecimento sobre as nuances do produto. É claro que os objetivos estratégicos são definidos pelo anunciante, mas seus impactos sobre o produto e sobre o consumidor são previsíveis na medida do conhecimento do profissional de propaganda.

A familiaridade com a realidade do produto protege clientes e agências de *briefings* mal formulados ou mal compreendidos (duas situações normais) e garante o questionamento permanente sobre os objetivos de uma ação. Além disso, o conhecimento permite ao profissional de propaganda ativar contas publicitárias com novas e diferentes propostas e, dessa forma, motivar o engajamento do cliente em oportunidades vantajosas.

O *briefing* é a renovação permanente dos aprendizados sobre o produto e o serviço e pode, perfeitamente, ser transmitido pelo cliente (o mais convencional), pelo *trade* ou pelo consumidor. Toda informação é válida na busca do conhecimento.

O pão nosso de cada dia

A elite da carreira na Seven era sair dos classificados e migrar para a revista *Indústria da Panificação*, a IP. Nela eu não teria mais de procurar clientes dispostos a anunciar, eu teria uma carteira de prováveis anunciantes que conheciam e respeitavam a revista. O responsável pela área era o João Muniz, publicitário, hoje sócio da agência digital LOV, pertencente ao Grupo Dentsu, depois de trabalhar e ser sócio, por muitos anos, do Celso Loducca em diversas iniciativas de sucesso.

O João Muniz foi uma referência profissional para mim. Admirava a forma com que tratava os clientes e como conhecia a dinâmica dos que veiculavam na revista IP. Aprendi muito com o João Muniz, principalmente a arte de criar conjunturas que motivam a veiculação de um anúncio e que nem sempre se restringem à necessidade de divulgar os produtos.

É claro que na divisão de carteiras eu não fiquei com os melhores clientes. Eles ficaram com o João Muniz, que, diga-se de passagem, ganhava muito em comissões. Mas era um considerável avanço para quem atendia clientes de classificados.

As padarias de São Paulo eram o principal ponto de venda de cigarro, refrigerantes, cervejas e picolés, além de fundamentais na estratégia de distribuição de frios e bebidas destiladas. Também eram grandes utilizadores de insumos fornecidos por grandes empresas multinacionais e de equipamentos de toda ordem necessários para a montagem do estabelecimento e o seu funcionamento.

A indústria da panificação representa hoje algo como 2% do PIB brasileiro, distribuídos por mais de 60 mil estabelecimentos comerciais. Em 1983 os números eram mais modestos, mas tão ou mais representativos, por isso, essa era a minha primeira grande chance.

Não acredito na venda espontânea e natural, naquela baseada exclusivamente nos atributos do veículo. Isso é compra, não é venda. Portanto, quando fiquei sabendo que a contracapa da revista IP estava sem contrato, me empenhei em transformar a minha carteira em potencial compradora do espaço nobre, até então impensável para esses clientes.

Essa é uma característica que mantenho até hoje: motivar os anunciantes a cogitarem espaços e audiências até então improváveis.

Na minha carteira havia a Suprema, empresa familiar fabricante de fornos e batedeiras para panificadoras que crescia e se posicionava como uma opção. Pedi que o departamento de criação da Seven fizesse um layout de anúncio para a quarta capa e o levei para a Suprema.

Bingo. A diretoria da empresa gostou da ideia e ainda mais da oferta para serem os ocupantes da contracapa. Foi uma negociação justa e me garantiu uma boa comissão por seis meses.

Mais uma vez eu provocava a atenção dos Neves ao elevar o patamar de um anunciante até então considerado pequeno. A Suprema e sua diretoria tiveram uma participação decisiva na minha vida profissional, foi meu primeiro convite para palestrar em uma convenção de vendas. O mote da fala deveria ser a oferta ousada no momento correto, exatamente o que havia acontecido em relação à empresa e seu investimento na quarta capa da revista IP por meu intermédio. A convenção com vendedores de fornos do Brasil inteiro foi em um hotel na cidade de Sumaré, e lá ganhei meu primeiro presente corporativo, uma bomboneira de cristal que guardo até hoje.

Entradas, bandeiras e propaganda

Crescemos aprendendo e reproduzindo o conceito de que somos um país de dimensões continentais. Repetimos isso automaticamente e não refletimos sobre seu real significado. Somos, de verdade, um país de dimensões continentais. Precisamos de alguns pares de horas para cruzar o Brasil de avião.

A propaganda é uma realidade nacional e não um fenômeno restrito aos grandes centros urbanos, e isso é resultado da penetração da televisão e do rádio, os meios da integração nacional.

O Brasil é grande e único. Único na língua, em muitos dos costumes, nos gostos, hábitos e atitudes. Tão grande quanto único. Um fenômeno mundial. Por isso a fascinação de muitos governantes em viabilizar a ideia de uma única TV ou rádio.

Durante muitos anos houve um investimento massivo na TV para que ela se transformasse em um veículo de integração nacional. Investimento publicitário do setor público, que ajudou as empresas de radiodifusão a financiarem seu crescimento. Financiamento do setor público em tecnologia de transmissão (satélites) para cobrir o imenso território nacional.

Financiamento do setor público na produção de noticiário capaz de atender às demandas por informação e prestígio político de afastadas comunidades brasileiras. Enfim, um plano estratégico desenhado com primor e executado com competência e disciplina. Tudo isso gerou resultados.

Para aqueles que não acreditam em nossa persistência, as histórias da TV e do rádio brasileiros são exemplos acabados de dedicação dos empreendedores de comunicação. Eles são os grandes responsáveis pelo desenvolvimento do negócio da propaganda. Temos uma propaganda forte porque temos veículos fortes. Os veículos estimulam o mercado publicitário. O trabalho competente dos veículos faz com que cada vez mais brasileiros procurem a TV, o rádio, o jornal e a revista. Trabalhos competentes precisam de recursos e a propaganda é a principal fonte de recurso das empresas de comunicação. Não é de estranhar que nas últimas décadas essas empresas tenham investido no mercado publicitário e nos anunciantes brasileiros.

No caso da televisão, o xodó da mídia brasileira, sua cobertura nacional fez com que os mercados regionais se desenvolvessem. Parece contraditório, mas não é. Os mercados regionais precisam falar diretamente com as agências e anunciantes e essa necessidade transformou cidades menores em centros de excelência do negócio publicitário.

Em todo o Brasil há mercado publicitário. Há agências, veículos e anunciantes. Há imprensa que escreve sobre propaganda, há associações, enfim, um universo com todos os elementos necessários para promover o desenvolvimento da propaganda.

Conheço diversos profissionais de propaganda que saíram dos grandes centros, mais especificamente de São Paulo, se estabeleceram em cidades menores e nelas desenvolvem um competente trabalho estimulando o crescimento dos mercados regionais. Essa é uma possibilidade que os estudantes de propaganda não podem desconhecer ou desconsiderar na construção de suas carreiras profissionais.

Nas andanças pelo Brasil, visitei diversas cidades e encontrei "expatriados" em todas elas. Histórias de profissionais que decidiram encarar o desafio da mudança e contribuíram com seu conhecimento e experiência profissional para o aprimoramento das condições locais do mercado publicitário.

Brasília é um polo de produção de propaganda. Por causa do governo federal e suas empresas, o mercado publicitário do Distrito Federal cresceu em quantidade e qualidade. Diversos profissionais nos últimos anos se transferiram para a capital. Planejadores, mídias e criativos disputam o direito de atender o maior cliente brasileiro, que disfarça essa condição dividindo sua enorme verba publicitária por empresas (Banco do Brasil, Caixa Econômica Federal, Correios, Petrobras etc.), ministérios e autarquias.

Florianópolis é o sonho de todo publicitário paulistano. Cercada de água por todos os lados, a cidade recebe anualmente significativo número de profissionais de propaganda atraídos pela promessa da tão almejada qualidade de vida. Floripa cresceu, o mercado publicitário cresceu e muitos dos nossos colegas consolidaram sua carreira em agências de propaganda, representando veículos de comunicação ou criando novos veículos.

Também cabe citar a distante Cuiabá. Com sua singular beleza natural e distante muitos quilômetros do mar, Cuiabá é um ótimo exemplo de desenvolvimento regional do negócio da propaganda. Muitas escolas de publicidade, muitos veículos de comunicação e, principalmente, muitos anunciantes. Costumo dizer que Cuiabá é uma cidade autofágica que produz, veicula e consome sua própria propaganda, independente do resto do Brasil.

No Nordeste, temos outros tantos bons exemplos de mercados amadurecidos. Destaco a cidade de Natal. Certa vez fui convidado para dar uma palestra em um evento chamado Carnatec – Tecnologia de Carnaval, onde se discutiram aspectos do marketing para o incremento do Carnaval e das micaretas.

São centenas de bons exemplos de desenvolvimento regional da propaganda e é importante que o jovem profissional tenha essa dimensão para poder orientar sua carreira com vistas a diferentes horizontes, muito além dos jardins paulistanos.

A maior padaria do mundo

Certo dia o João Ricardo das Neves, filho e sócio do Seu João, da Seven, me chamou a sua sala e me convidou para uma reunião com o Lemos Brito. O Lemos Brito era um promotor de feiras que rivalizava com o Alcântara Machado e o Guazelli. Essa tríplice coroa dominava o mercado de exposições temáticas que ocupavam o Pavilhão de Exposições do Anhembi.

O Lemos Brito havia se tornado uma figura pública quando espalhou pela cidade de São Paulo outdoors com mensagem ao general João Figueiredo, na época presidente do Brasil. "Presidente Figueiredo, preciso falar com o senhor. Tenho uma das soluções para o Brasil". Em um país exercitando os primeiros passos da redemocratização era inusitado alguém fazer menção a um presidente militar, eleito indiretamente e rejeitado pela inteligência nacional. Mesmo que os empresários apoiassem o regime, poucos davam sinais externos e nenhum foi capaz de propor, publicamente, ajuda ao mandatário da nação, um ditador. Pois Lemos Brito foi.

A aproximação de Lemos Brito com a Seven criou a possibilidade de fazer uma feira Brasil-Portugal, com apoio do Ministério do Desenvolvimento, Indústria e Comércio Exterior para divulgar o intercâmbio cultural e comercial entre os dois países. Experiência similar já havia sido feita com o Japão, com grande sucesso. A Seven havia sido indicada a Lemos Brito por causa da revista IP, e dessa união surgiu a maior padaria já montada no Brasil.

A Seven seria responsável pela montagem da gigantesca estrutura que ofereceria pão quente aos visitantes, além de apresentar em tempo real o processo de produção dos produtos panificados. Eu e o João Muniz apresentaríamos para as nossas carteiras a oportunidade e venderíamos os espaços aos interessados. Foi um sucesso. O João Muniz coordenava os trabalhos e era bastante rígido nos prazos e nas negociações. Experimentei nessa época, pela primeira vez, a pressão por resultados que me acompanharia por toda a vida. Os fornos no Anhembi eram Suprema – e aqui vai outra dica: tenha sempre um anunciante que confia plenamente em você a ponto de participar de seus projetos. A Suprema foi a primeira empresa que confiou nos meus conselhos profissionais.

Quanto ao Lemos Brito, nutro por ele um carinho muito especial, com frequência nos falamos, e sempre me impressionou seu entusiasmo pelas realizações.

A primeira grande empresa

A Seven crescia e eu era apresentado ao mundo publicitário da época, a ponto de o jornalismo perder sua importância e eu me convencer de que o meu negócio era a propaganda. O João Ricardo Gomes das Neves era um visionário que conduziu a empresa para o segmento das publicações especializadas, que, anos mais tarde, seria o porto seguro do meio revista.

Pouco mais de um ano depois surgiu uma oportunidade de ir para o jornal *Folha de S. Paulo*, como contato publicitário de coluna larga no segmento de alimentação. Traduzindo: coluna larga é como se chama tudo que não é classificado, ou seja, eu trabalharia na comercialização do noticiário, responsável por atender os anunciantes e agências do segmento de produtos alimentícios.

Não era minha primeira tentativa em trabalhar em um grande jornal. Eu já havia participado de um processo seletivo para a área de produção do jornal *O Estado de S. Paulo*, antes da Seven, convencido da importância de vivenciar as experiências profissionais em ambientes reais. Não fui aprovado. Mas agora, na *Folha*, era diferente. Por mais de um ano atendi a indústria de alimentação na revista IP, que, se não me fez um especialista no setor, tornou-me competitivo a ponto de conseguir a vaga.

A *Folha* estava reestruturando seu departamento comercial. O responsável pela tarefa era o jovem Luiz Frias de Oliveira, filho mais novo do Seu Otávio, preparado desde cedo para dirigir a empresa jornalística da qual era um dos herdeiros.

A tarefa não era nada fácil. A *Folha* tinha de superar a resistência do mercado publicitário que via no concorrente, o *Estadão*, um veículo eficiente e confiável, apesar da ascensão da circulação do jornal da família Frias. Outra resistência a ser vencida era em relação aos classificados. O mercado de anunciantes particulares (venda de carros) e de empresas (empregos) acreditava na eficiência do líder, o jornal *O Estado de S. Paulo*, e não tinha a menor pretensão de testar outra possibilidade.

Luizinho, como nós o chamávamos, encarou o desafio com muita seriedade e competência. No setor de classificados, montou uma equipe de qualidade e contratou uma campanha publicitária para introduzir a *Folha* como opção. No noticiário, a coluna larga, montou gerências responsáveis por segmentos de mercado com "especialistas" para atender agências e anunciantes diretos.

Eu era o "especialista" em alimentação e meu gerente era o Maurício Nabour Meirelles, um talentoso profissional que se formou na sucursal da *Folha* em Belo Horizonte, onde começou como *office boy*. O Maurício Meirelles contrariava a lógica da origem dos gerentes contratados pelo Luiz Frias, todos oriundos de boas famílias, de boa formação, sem experiência comercial. Como consequência, as equipes também careciam de experiência, inclusive a do próprio Maurício.

Ficávamos todos no saguão, um grande salão no prédio da Alameda Barão de Limeira, no centro de São Paulo, que já havia servido de entrada principal do jornal, separados não por biombos, mas sim pelo relacionamento que cada um dos gerentes mantinha com o Luiz Frias. Portanto, eu já entrei em desvantagem. O Maurício Meirelles, apesar de figura encantadora, talentosa e de muitos anos de serviços prestados ao jornal, não fazia parte daquele ambiente, por isso sua gerência reunia segmentos sem grandes investimentos no meio jornal, à exceção de publicidade legal, que, se não carecia de dinheiro, carecia de glamour.

Trabalhar na *Folha* foi uma curta mas intensa experiência. Valendo-me do conhecimento adquirido na Seven, criei três projetos e viabilizei todos. Fui ao Café do Ponto e falei diretamente com um dos sócios, o simpático Américo Sato, que fechou um contrato em que assinava as cotações da Bolsa de Valores em dias alternados. O volume era pequeno, mas a visibilidade dentro do jornal foi muito grande.

Outro projeto foi o lançamento do pão Wickbold. Para eles, tive a ideia de veicular receitas de sanduíches no suplemento dominical. Para os licores Bols, propus o patrocínio de um guia de cultura semanal.

Rapidamente trouxe para o jornal três anunciantes que nunca haviam frequentado suas páginas. Novamente exercitei aquilo que já havia feito na Seven com a Suprema: propus o que não havia sido proposto ainda, mas para o que os três anunciantes já estavam preparados.

Na *Folha* tínhamos um sistema de remuneração que valorizava o volume dos anúncios e não o seu faturamento. Funcionava assim: um departamento interno do jornal era responsável por medir o somatório das áreas de anúncios do segmento nos concorrentes, *Estadão* e *Jornal da Tarde*, e comparava com o volume mensal daquele segmento nos jornais do Grupo Folha, que na época incluía os jornais *Folha da Tarde* e *Notícias Populares*.

Até 80% do volume dos concorrentes no segmento de alimentação eu não receberia nada além do salário fixo. De 80% até 120% eu seria premiado, independente do faturamento gerado. Um sistema genial para um veículo que pretendia ocupar seu espaço no mercado publicitário e não somente conquistar faturamento.

Meu grande momento no jornal *Folha de S. Paulo* foi a comercialização do patrocínio do Caderno Fovest, a Folha Vestibular, em 1984, para o iogurte pronto para beber Bliss, da Nestlé, através da agência DPZ, que me rendeu um chamado à sala do Luiz Frias para os cumprimentos pessoalmente, uma honraria na época. O produto estava em processo de lançamento, tratava-se de um segmento inédito no Brasil, o iogurte pronto para beber destinado ao público jovem, portanto, total adequação ao Fovest.

Eu fiz parte da Turma da Mônica

O prédio da *Folha* era um labirinto forrado com as tradicionais pastilhas coloridas – que também cobriam a rodoviária de São Paulo –, de propriedade de Carlos Caldeira Filho, sócio do Seu Otávio na *Folha*. O Caldeira não tinha no jornal nenhuma função executiva, por isso, quando visitava o prédio, o fazia de bermuda e chinelos, o que destoava da indumentária de quem trabalhava na empresa. Dizem que o Caldeira recebeu uma fábrica de pastilhas como pagamento de uma dívida e por isso todos os seus prédios possuíam o revestimento colorido sucesso nos anos 1970. O Caldeira era de Santos, cidade onde foi prefeito, e por isso o Grupo Folha tinha o jornal *Cidade de Santos*.

Esse labirinto abrigava os estúdios do desenhista Mauricio de Sousa, o criador da Turma da Mônica, antigo colaborador da *Folha de S. Paulo* como repórter policial, por quem os Frias e os Caldeira nutriam grande admiração, a ponto de cederem parte do prédio para que o artista montasse sua empresa.

O contato com a equipe de Mauricio de Sousa era esporádico no dia a dia do jornal, mas certa vez o Maurício Meirelles foi procurado por alguém dos estúdios que comunicou sobre o desejo de uma empresa fabricante dos pingentes da Turma da Mônica em veicular na *Folhinha*, o suplemento infantil do jornal.

Não fui eu quem diretamente cuidou do assunto porque pingentes não são produtos alimentícios, mas por algum motivo ajudei a equipe comercial e por isso tive contato com o pessoal da Mauricio de Sousa e depois com o próprio Mauricio, que acabou me convidando para assumir o atendimento dos licenciados do segmento de alimentação.

A Mauricio de Sousa Produções é a empresa responsável pelo gerenciamento de todo o acervo criado pelo mais importante autor brasileiro de histórias em quadrinhos, criador de uma vasta galeria de personagens. Além das revistas de histórias em quadrinhos, campeãs de venda, a empresa é responsável pelo licenciamento de produtos que trazem os personagens em seus rótulos.

Eu nunca havia trabalhado com licenciamento, mas, mais uma vez, o foco na indústria de alimentação me deu a oportunidade de trabalhar com alguém que eu admirava.

O Mauricio de Sousa é uma pessoa especial dotada de consciência sobre o seu papel na história de, pelo menos, três gerações de brasileiros. É um estudioso sobre os caminhos das predileções infantis. Não se deslumbra com o sucesso nem se abala com os projetos que não atingem os resultados esperados. Demorou décadas para impor seus desenhos animados à grade de programação infantil, hoje representada pelos canais pagos. E conseguiu.

Trabalhar com o Mauricio de Sousa sendo contratado por ele foi uma honra e, ao mesmo tempo, um exercício diário de sobrevivência corporativa. A empresa estava estruturada sobre sua família. Sua esposa, dois dos seus três irmãos, uma de suas cinco filhas, dois genros, alguns sobrinhos e primos e ainda uma cunhada tinham funções executivas na companhia.

O jovem egresso dos quadros da *Folha* que não foi aos estúdios dizer que adorava a personagem Mônica e que por isso, só por isso, deveria ser contratado, contrastava com o quadro funcional composto por parentes e admiradores. Era o começo de uma era de profissionalização pela qual o Mauricio de Sousa brigou muito e conseguiu graças ao apoio de sua filha Mônica de Sousa, a principal executiva da empresa, que exerce papel fundamental na perpetuação das ideias e dos personagens da turma.

Sempre com foco, percebi que o Mauricio de Sousa gostava de produtos naturais e saudáveis e gostaria de ver aumentada a carteira de produtos alimentícios com essas características. Não havia mel licenciado, portanto meu objetivo foi conhecer tudo sobre o produto e apresentar uma empresa para o Mauricio de Sousa.

Novamente de maneira natural eu reproduzia o que já havia feito na Seven e na *Folha*, trazer pequenos resultados rapidamente para conquistar visibilidade na corporação. Dito e feito. Poucos meses depois de contratado, o Mel da Mônica estava no mercado e, mesmo sem gerar grandes volumes de venda, tinha muita visibilidade dentro da empresa.

Além do setor de licenciamento e da produção de revistas em quadrinhos, a Mauricio de Sousa Produções possuía um estúdio de produção de animação, originalmente chamado de Black & White, por ser uma sociedade do Mauricio de Sousa com Pelé. Na época o estúdio preparava o lançamento do terceiro longa-metragem da Turma da Mônica, *As Novas Aventuras da Turma da Mônica*, sob o comando de Luiz Gonzaga Assis de Luca, o Gonzaga, que hoje é diretor da Cinépolis no Brasil, grupo mexicano de exibição de cinema, o quarto maior do mundo.

O Gonzaga havia sido superintendente comercial da Embrafilme, a estatal brasileira responsável pela produção e distribuição dos conteúdos audiovisuais, e o Mauricio de Sousa o levou para impulsionar a sua produção de animações. Minha identificação com o Gonzaga foi instantânea. Foi o Gonzaga quem me ensinou como funcionava o negócio de cinema, através de seu imenso conhecimento e de uma generosidade sem tamanho, capaz de compartilhar tudo o que sabe. E olhe que não é pouca coisa.

Não foi difícil perceber que o Gonzaga fazia parte da estratégia de profissionalização da Mauricio de Sousa Produções e que isso era motivo de narizes torcidos na empresa, ainda mais que seu antecessor na condução da produtora era um dos genros do artista. Portanto, eu e o Gonzaga tínhamos que mostrar serviço. A primeira iniciativa foi viabilizar a mídia do longa *As Novas Aventuras*. Para isso eu entrei em contato com todos os jornais brasileiros que publicavam diariamente a tirinha da Turma da Mônica. Esse fornecimento era pago, mas, como tínhamos interesse nos espaços publicitários, propus minha primeira permuta. Troquei as tiras pelos anúncios. Foi um sucesso. É importante saber que, no mundo dos negócios, os processos e os interesses são conexos. Ao propor a singela troca das tiras pelos anúncios do filme, além de viabilizar a mídia para a qual não havia recursos, nós retomamos a interlocução com diversos jornais com os quais havia anos não falávamos, além de dar relevância às tiras dentro da empresa, uma área mais folclórica, mas sem importância nenhuma.

Tudo de bom já foi feito, mas como não foi feito pela gente, vale a pena fazer de novo. As matinês de filmes infantis fizeram parte da minha infância no Cinema Vitória, no centro de Porto Alegre. E era tão bom que eu e o Gonzaga resolvemos reproduzi-las com patrocínio da Danone, fabricante do iogurte da Turma da Mônica. Mais uma vez eu fechava um grande negócio com uma empresa de iogurtes, a Sessão Danone Turma da Mônica.

Minha primeira experiência internacional foi na Mauricio de Sousa. Conquistar o mundo através dos personagens era um sonho do desenhista, que por diversas vezes ensaiou voos nesse sentido, com sucesso relativo e esporádico. Mas em 1986 um famoso fotógrafo argentino, Jorge Fisben, representante do Image Bank na Argentina, Chile e Uruguai e dono da Ford Models argentina, se encantou pela Mônica e sua gangue e lançou os personagens na Argentina com desenhos animados na TV paga, um disco de vinil e espetáculo em teatros.

As coisas iam muito bem; Fisben precisava de algumas informações sobre a cultura do licenciamento da empresa e eu fui escalado para a tarefa em Buenos Aires, durante o Congresso Latino-Americano de Marketing. Foi uma experiência maravilhosa. Não hesite em aceitar desafios internacionais. Não supervalorize nem menospreze o domínio da língua. Tenha a convicção de que fomos todos programados para nos relacionar e isso também acontece no mundo dos negócios.

Um avatar em Cannes

Não sou um criativo da propaganda. Não sou diretor de arte ou redator. Para esses profissionais de propaganda o Festival de Cannes é uma obrigação, faz parte de sua formação. Esses publicitários conhecem Cannes e o Festival ainda no início de suas carreiras, incentivados pelas agências que, justificadamente, valorizam a participação dos jovens profissionais em eventos dessa relevância.

Meu caso é o de milhares de profissionais de propaganda que não atuam na área da criação publicitária e por isso tem retardada sua participação nos festivais. Mas, como o sol nasceu para todos, principalmente o da França, lá vamos nós.

Primeiro, é bom entender que o Festival está em sua 61ª edição (2014) e, nos últimos anos, sofreu adequações naturais para os tempos de hoje. Quando de sua criação, a ideia era incentivar o cinema como meio publicitário, premiando o que se considerava bom para a propaganda nas telas grandes e na televisão.

Depois houve a inclusão, justa, das peças gráficas e, como consequência, a admissão de que o rádio, o marketing direto, a internet e a promoção são dignos de premiação, assim como os casos de cyber. Mais recentemente foi criada uma categoria chamada de Titanium & Integrated, que concede prêmios ao uso harmonioso e criativo de diferentes meios, ou seja, uma campanha toda é premiada, além da categoria de Relações Públicas.

Os cases de mídia também são premiados, através da análise do uso adequado dos meios publicitários. Pronto, todo mundo tem seu quinhão, ou melhor, seu leão. O troféu para os vencedores em cada uma das categorias é o Leão de Cannes, de ouro, prata e bronze. Há certa generosidade (coisa de publicitário) e muitos Leões são distribuídos.

Em 2007, assisti a uma empolgante palestra do ex-vice-presidente dos Estados Unidos, Al Gore, sobre o aquecimento global e sobre como nós, publicitários, podemos contribuir para a solução do problema, e presenciei a entrega do Leão Verde para Al Gore, sem dúvida, uma concessão da organização. Merecida, por sinal.

O Festival de Cannes pode ser considerado a meca para todo publicitário do mundo e, seguindo a tradição muçulmana, recomendo a todos os profissionais da área que, pelo menos uma vez na vida, visitem o evento.

Visite Cannes, organize a viagem com antecedência e tenha um objetivo claro para o investimento (que não é baixo). O Festival começa em um domingo e termina no sábado seguinte e é formado por seminários, workshops e apresentação das peças concorrentes em todas as mídias. Minha recomendação é para que a semana seja organizada de forma que você selecione as palestras de seu interesse. Os temas são bastante variados e contemplam diferentes áreas de competência.

Nos momentos livres (sem palestras selecionadas) durante a semana, localize a exibição dos filmes de categorias que lhe interessam profissionalmente. A exibição dos anúncios é por categoria (alimentos, bebidas, higiene pessoal, bancos, automóveis etc.). Escolha os segmentos em que você acredita que a criatividade e a diversidade mundial podem contribuir para o seu repertório de conhecimento.

Reserve um momento para conhecer os casos que concorrem na categoria Titanium. Os trabalhos inscritos são exemplos completos de comunicação integrada e têm sido uma das vedetes do Festival.

Os primeiros short lists (trabalhos pré-selecionados que podem ganhar o Leão) são de mídia impressa (press e outdoor). Visite a exposição desses trabalhos. Ver propaganda ajuda a fazer propaganda e aprimora o senso crítico sobre o que é bom e o que não é.

Sexta-feira é o dia da exibição do short list de filme. Tomara que não tenha palestras de seu interesse, porque minha recomendação é que você fique em uma sala de cinema, fazendo aquilo que nós todos fazemos de melhor: ver propaganda, de preferência, da boa. Nesse dia os auditórios ficam lotados. Todos querem conhecer os trabalhos pré-selecionados pelos jurados. Os trabalhos aprovados são aplaudidos, os trabalhos de gosto duvidoso são assobiados. Isso mesmo, em Cannes não se vaia, se assobia. Todo mundo faz isso, faça você também. Quando não gostar de algo, assobie. Não vale só assobiar para filmes argentinos. Eles são os grandes concorrentes da propaganda brasileira e têm uma produção de muita qualidade. É bom ficar atento. Cannes é isso. Muito trabalho e muita diversão. À noite, Cannes se transforma no que realmente é, uma cidade pequena do litoral francês com muito charme e gente bonita circulando pela La Croisette, a avenida da praia. Nela estão os hotéis e restaurantes que, durante uma semana, são palco para o encontro com alguns dos expoentes da nossa profissão. Cannes vale a pena.

Meu eu vintage

Descobri que não sou retrógrado, sou vintage. Nada mais vintage do que minhas ideias e minhas roupas. Nada mais vintage do que aquilo que ensino para meus filhos. Alguns "bom dia" ao amanhecer, uns "obrigado", "por favor" e o incomparável "com licença", extirpados de nossa língua, podem retornar ao vocabulário sob o manto do vintage.

Tudo que parecia retrô na minha já desgastada existência está redimido pelo vintage, seja lá o que for isso.

Um dia desses, na ponte aérea, peguei um voo vintage. A pintura do avião remetia ao design de trinta anos atrás, assim como o uniforme das comissárias e a vinheta de segurança.

Na pesquisa para este capítulo descobri que um tradicional site de vídeos pornográficos possui uma categoria de sexo vintage. Resisti à tentação de visitá-lo por considerar que seria muito difícil, aos quase 50 anos, descobrir que até nisso já fiquei ultrapassado e que por uma concessão da modernidade tornou-se cool fazer sexo da forma como aprendi.

A propaganda, macaca de auditório de toda modernidade, mesmo que não saiba muito bem o porquê, já bebe dessa fonte, e nesse processo somos brindados com a linguagem invariavelmente sépia.

Aos adeptos do vintage recomendo esquecer a forma e resgatar o conceito. Sugiro que recuperem a criatividade, abram mão do discurso fácil, invistam nos talentos, apostem na maturidade, valorizem a ética, defendam as diferenças e os diferentes, condenem a juniorização, não tenham medo da opinião, não se submetam às hegemonias, enfim, tudo o que parecer meio *démodé* (assim como a palavra *démodé*) pode voltar a ter um lugar ao sol.

A ousadia deveria ser o símbolo do vintage, só assim poderemos resgatar a propaganda de três décadas atrás e reconquistar o espaço de vanguarda (olha a vanguarda aí, gente) perdido para a mediocridade. Tornei-me vintage sem saber, quase que naturalmente, e estou muito feliz com esse processo. Acredito que a propaganda pode se beneficiar do momento e promover o resgate dos valores que construíram esse negócio no Brasil. Foi por conta dos questionamentos relevantes que nos transformamos em uma indústria, e não, como pensam alguns, pelo modelo que adotamos. Nosso modelo é consequência do debate exaustivo, postura que os modernos execram e que agora pode retornar à cena.

Nosso negócio, composto por anunciantes, agências e veículos, precisa reaprender a debater os "assuntos proibidos" ceifados da pauta pelas conveniências de alguns poucos, diga-se de passagem.

A vantagem de ser vintage é não temer a condenação por pensar diferente, e isso, me desculpem os juniores, é um processo, uma opção que há muito a propaganda cedeu à "cultura da sobrevivência", que, no final das contas, é o que está nos matando.

Um boi para não entrar e uma boiada para não sair

As mudanças editoriais na *Folha* andavam a galope e, num belo dia, sem prévio aviso, a publicação das tiras da Turma da Mônica na Folhinha, suplemento infantil encartado semanalmente no jornal, foi suspensa. Poucas vezes vi o Mauricio de Sousa tão incomodado. Ele marcou uma conversa com Seu Otávio, que lhe informou que a decisão era de caráter editorial, portanto, de responsabilidade do Otavinho, e que ele nada poderia fazer. Recordo que o Mauricio de Sousa ainda tentou a interferência do Seu Caldeira, mas este, distante do jornal, também pouco pôde fazer a não ser lamentar.

O Mauricio de Sousa não ficou magoado com o cancelamento da publicação das tiras no suplemento, consequência das mudanças editoriais do jornal, e sim com a forma com que tomou conhecimento da decisão. Semanalmente enviávamos as tiras para a publicação na Folhinha. Na semana da suspensão, as tiras foram devolvidas com a informação de que o jornal para as crianças não as publicaria mais.

Não sei realmente como aconteceu, mas um dia o Mauricio de Sousa me chamou para uma reunião no jornal *O Estado de S. Paulo*. Lá fui eu novamente ao imponente prédio em que alguns anos atrás eu havia sido rejeitado para uma vaga na área de produção. Agora as coisas eram diferentes. Fomos recebidos pelo Francisco Mesquita, o Chiquinho, superintendente do jornal, membro da mais tradicional família proprietária de veículos de comunicação do Brasil.

O *Estadão* não tinha suplemento infantil e o departamento de marketing acreditava que esse era um produto importante na formação de novos leitores. O trabalho foi conduzido pela Adélia Franceschini, responsável pelo planejamento de marketing do jornal. Adélia é hoje uma das mais respeitadas "pesquiseiras" dedicadas ao posicionamento dos veículos de comunicação. Recentemente desenvolvemos juntos um revelador trabalho para cinema de que eu falarei mais adiante.

Baseada em pesquisas a equipe do *Estadão* planejou o *Estadinho* e convidou o Mauricio de Sousa como seu padrinho e consultor. O acordo comercial, do qual eu fiz parte, determinava que com as empresas licenciadas dos personagens da Turma da Mônica o contato comercial deveria ser feito por nós, mais especificamente por mim, que contatei todas as empresas e transformei a edição número 1 em um sucesso comercial e um exemplo de prestígio para a Mauricio de Sousa Produções e para mim.

Um mestre com carinho

Em 1986, já formado em jornalismo e trabalhando na Mauricio de Sousa Produções, fiz uma visita à Faculdade Cásper Líbero, onde fui recebido com muito carinho pelos professores. Estava na sala dos professores quando o Prof. Antônio Bandeira, de História da Arte, se voltou para a Profa. Sandra Lewin, coordenadora do curso de Propaganda, e provocou:

– Sandra, por que você não convida o Porto Alegre para dar aula?

A pergunta era de uma singeleza, mas significou uma das maiores realizações da minha vida: a formação de profissionais de propaganda. Sandra Lewin atendeu a sugestão do Prof. Bandeira e minutos depois eu era professor da Faculdade de Comunicação Social Cásper Líbero, da Fundação de mesmo nome, um ícone no ensino de comunicação do Brasil, onde, com muito orgulho, me formei jornalista.

Minha matéria era Veículos de Comunicação, algo similar à Mídia nas outras faculdades, mas que na Cásper mantinha um certo nacionalismo na nomenclatura. Gostei da proposta e passei a defender que antes de dominar as técnicas de mídia era importante conhecer os meios e veículos.

Preparei minha primeira aula, como faço até hoje: escolho o tema e desenvolvo à caneta a sequência de informações e referências, antes de desenvolver as pranchas ou slides. Quando o esquema ficou pronto, me tranquei no quarto e ministrei a aula em voz alta. Meu primeiro ensaio de muitos. Eu ensaio minhas aulas em voz alta até hoje.

O surpreendente nessa estreia é que o material que eu preparei para as duas primeiras aulas foi suficiente para quase um mês, ou seja, havia muito conteúdo e eu poderia ficar tranquilo que não faltaria material. Minha primeira aula foi um sucesso. Eu tinha apenas 20 anos, portanto, era muito próximo dos meus alunos, que ao final do ano me convidaram para ser paraninfo da turma. Uma honra. Preparei o discurso e, emocionado, o li em pleno Palácio das Convenções do Anhembi.

Permaneci na Cásper Líbero até 1993. Foi um período especial, de muitas realizações. Em 1989 acumulei aulas na Universidade Paulista, UNIP, que na época ainda era chamada de Objetivo, a convite do publicitário Nestor Vergeiro, diretor de atendimento da conta do Banco Bradesco pela Salles Interamericana. Anos depois fui colaborador da gestão do publicitário Enio Vergeiro, seu filho, como presidente da APP.

Desde 1983 ministro aulas e palestras em todo o Brasil e faço isso com um prazer muito especial. Gosto da ideia de colaborar com a formação de jovens que escolheram a mesma profissão que eu.

Em 2006 a Universidade Metodista em São Bernardo do Campo, São Paulo, me concedeu o Prêmio de Destaque do Ano, sem dúvida uma generosidade do Prof. Paulo Rogério Tarsitano, um companheiro de longa data na valorização dos cursos de publicidade e propaganda. Em 2009 a Unimonte, Centro Universitário Monte Serrat de Santos, por inspiração da Profa. Renata Alcade, coordenadora do curso, me convidou para uma homenagem muito especial que batizou a Agência Experimental de Publicidade e Propaganda com o meu nome. Ambas as honrarias me serviram de estímulo para continuar defendendo os cursos de publicidade e propaganda e a necessidade de se ampliar a discussão sobre a regulamentação da nossa profissão.

A fórmula do sucesso

Semana de comunicação em universidade é como aniversário de hipermercado: só acontece no segundo semestre. Por isso, quando começa agosto há uma avalanche de convites para palestras e mesas de debate.

Particularmente me sinto honrado quando sou lembrado e evito declinar dos convites. Acredito que um dia serei esquecido, por isso aproveito o momento para expor e trocar ideias com os futuros profissionais de propaganda.

Tem sido uma experiência muito boa. Há no Brasil mais de 370 faculdades de Publicidade e Propaganda (2013) que colocam cerca de 11 mil novos profissionais no mercado de trabalho por ano e congregam um universo de aproximadamente 60 mil estudantes regularmente matriculados.

São números compatíveis com a relevância da propaganda brasileira e com o tamanho do país. Dos egressos, estima-se que 10% atuarão diretamente ligados à atividade publicitária em agências, veículos, anunciantes e serviços especializados.

O sucesso dos cursos superiores de propaganda é resultado da evidência da profissão, por isso considero que todo profissional em atuação é parcialmente responsável pela escolha dos jovens que dedicam os melhores anos de suas vidas a aprender o ofício.

A falta de um marco regulatório para a atividade é um entrave no desenvolvimento do sentimento de categoria profissional. E esse aspecto acaba por dificultar a valorização das escolas superiores de propaganda, que, invariavelmente, enfrentam o desprezo do mercado.

Desprezo mútuo, porque também as escolas, à exceção das semanas de comunicação, evitam maiores envolvimentos com um universo de profissionais que não conhecem a academia, ignoram os conteúdos programáticos e menosprezam os que se dedicam ao trabalho de ensinar propaganda.

Isso provoca tremendas distorções. Assuntos que deveriam fazer parte da pauta da academia e problemas que afligem o dia a dia das empresas de comunicação são esquecidos em um acordo conveniente que cultiva uma estranha ideia de que nada supera o resultado de um bom trabalho.

É uma espécie de cultura da viabilização capaz de superar todo o debate acerca do modelo de negócio da propaganda brasileira e suas consequências, em prol do retorno do investimento do anunciante. Um simplismo que forja a divisão entre os supostamente modernos, alheios à discussão corporativa, e os supostamente arcaicos, alheios ao desenvolvimento do produto.

Enquanto evitarmos o contraditório na academia estaremos fadados ao ostracismo da qualificação profissional. O debate sobre o modelo da propaganda brasileira é imperativo para a formação do publicitário, que encontrará um cenário completamente diferente do que existia quando foram estabelecidas as regras que orientam o negócio.

As plateias de jovens profissionais de propaganda adoram os *cases* de sucesso, como se fossem frutos da ordem natural da equação dedicação, talento e sorte. Por isso, ao saírem das universidades, superlotam os cursos de especialização à procura da profissionalização, que, definitivamente, não é a vocação da academia.

A fórmula mais eficiente de profissionalização é a combinação harmoniosa entre a escola e o mercado. Isso não acontece com a propaganda brasileira, em que, há muito, não ocorrem experiências diferentes e relevantes que envolvam esses dois atores. Em 2010 houve uma exceção, a Nova Batata, agência temporária nos moldes que existem na Inglaterra, formada por estudantes, sob inspiração da agência NovaSB, que atendeu clientes localizados no Largo da Batata, em Pinheiros, São Paulo.

Nessa iniciativa de extrema competência e sem as tradicionais afetações, ficaram maculadas as ideias da democracia dos medíocres e da ditadura dos resultados. Essa é a verdadeira fórmula do sucesso.

Regulamentação não é palavrão

Como presidente da Associação dos Profissionais de Propaganda no biênio 2005/2007 participei ativamente dos debates acerca da regulamentação da nossa atividade profissional. Acreditava na época, e mantenho a crença até hoje, que temos um papel muito importante na sociedade brasileira para tratarmos com tanto desleixo nossa qualificação profissional.

A obrigatoriedade do diploma de publicitário, que não existe, não é cerceamento do exercício profissional, é responsabilidade. Ao não exigir uma formação específica, o mercado, como um todo, está abrindo mão do aprimoramento da formação profissional e retardando os processos de adoção de novas práticas.

É no ambiente acadêmico que algumas questões podem ser debatidas e não no âmbito profissional, quando os interesses corporativos, justamente, se sobrepõem. Ao admitir a não obrigatoriedade do diploma de publicitário está-se privando o mercado da inovação e perpetuando práticas que atendem a determinados grupos hegemônicos.

O maior mau exemplo disso é a ridícula resistência sofrida pelas agências de mídia no Brasil, liderada pelos grandes grupos de comunicação contrariados com o fato de essas agências promoverem a distribuição técnica das verbas, o que não ocorre em um mercado em que o valor dos bônus distribuídos pelos veículos orienta o destino das verbas publicitárias.

Curiosamente somos regulamentados sob diversos aspectos. O Conselho Nacional de Autorregulamentação Publicitária – Conar – define os parâmetros éticos da nossa atividade, o Conselho Executivo de Normas Padrão – CENP – define os parâmetros da remuneração, portanto, seria justo e necessário definir padrões para a formação dos profissionais de propaganda.

A resistência do mercado em criar um marco regulatório para o exercício profissional é tema que se arrasta desde a década de 1960, quando foram definidos os primeiros regramentos da profissão. Cabe às novas gerações assumir a tarefa de não permitir que a publicidade se transforme em uma atividade sem identidade, confundida com a mera capacidade de aplicar um punhado de técnicas.

O meu próprio negócio

Sempre tive muita atenção à vida corporativa. Sindicatos e associações, desde muito cedo, fizeram parte da minha vida profissional. Por isso não declinei do convite do Mauricio de Sousa para participar da Licenciadores do Brasil Associados – LIBRAS (atualmente chamada de Associação Brasileira de Licenciamento – ABRAL), representando a empresa. Nas primeiras reuniões percebi que a iniciativa era importante, mas seria difícil fazê-la prosperar diante de tantas opiniões diferentes sobre como valorizar a atividade do licenciamento no Brasil.

Em uma dessas ocasiões conheci os responsáveis pelo projeto de licenciamento do Menino Maluquinho, de Ziraldo Alves Pinto, um gênio do traço, do cartum, do humor, cocriador do jornal *Pasquim*, um marco na imprensa nacional e que havia decidido se dedicar à literatura infantil.

O livro *Menino Maluquinho* em 1987 já havia superado a marca de um milhão de exemplares vendidos, o que fazia de Ziraldo, na época, o principal autor de livros do mercado brasileiro. Agora era a vez do licenciamento, e para isso ele havia fundado a Zapin junto com alguns investidores que apostaram no projeto. Faltava o lado comercial.

No início de 1987 o Gonzaga se desligou da Mauricio de Sousa e pensava em montar uma empresa de venda de patrocínios de projetos culturais, uma atividade incipiente naquele momento em que todos nós tentávamos conhecer melhor as leis de incentivo à cultura.

Sem o Gonzaga na Mauricio de Sousa meu ânimo para tocar novos projetos diminuiu, afinal havia perdido meu interlocutor de qualidade.

Por isso não foi muito trabalhoso planejar um negócio que envolvia o escritório comercial da Zapin em São Paulo, pois os estúdios onde o Ziraldo trabalhava com roteiristas e desenhistas ficavam no Rio de Janeiro. Além disso poderíamos ficar atentos às oportunidades dos projetos culturais. Nascia a Officium Projetos Especiais.

Conhecíamos o negócio do licenciamento como ninguém e tínhamos nas mãos um dos melhores personagens infantis e um autor de enorme prestígio. Portanto, todas as nossas dificuldades comerciais foram fruto do momento particular que o Brasil vivia no fim da década de 1980. Mesmo assim, fechamos diversos contratos de licenciamento com o Menino Maluquinho, com destaque para o lançamento da revista em quadrinhos editada pela Abril.

Por intermédio do Ziraldo conheci diversos cartunistas, meus ídolos. O Angeli, o Laerte e o Glauco formavam o grupo Los 3 Amigos e participavam da edição da revista *Chiclete com Banana*, um sucesso editorial underground que fez história. Os três artistas precisavam de um agente comercial, e éramos, eu e o Gonzaga, a melhor opção.

Dessa forma, em pouco tempo, a Officium possuía um cartel incomparável, com quatro dos melhores artistas gráficos do Brasil: Ziraldo, Angeli, Laerte e o inesquecível Glauco, morto em 2011.

Por isso foi muito natural sermos consultados para codistribuir o longa-metragem em desenho animado *Akira*, de Katsuhiro Otomo, um clássico dos mangás japoneses que levou grande público para os cinemas europeus e americanos. Eu e o Gonzaga trabalhamos muito para lançar o filme, que foi um sucesso a se considerar que era uma animação japonesa. Pensamos em tudo e fizemos tudo, do começo ao fim. Foi uma experiência maravilhosa e selou o fim da empresa e da nossa sociedade, mas não da amizade.

Para manter o padrão de vida, em paralelo ao trabalho na Officium eu dava aulas de publicidade na Cásper Líbero e na UNIP e fazia consultorias. Uma delas era para o Grupo Aval, de Valdelzir Oliveira de Carvalho, uma figura maravilhosa, empreendedor por vocação, que fez fortuna no mercado financeiro. Valdelzir me recebeu em seu grupo de empresas para que eu o ajudasse nas questões de marketing. Uma de suas ideias era empreender um shopping rural, que eu batizei de Agro Road Shopping e que se tornou realidade no quilômetro 72 da Rodovia Castelo Branco, sentido interior.

Participei de todos os processos que envolveram o shopping, que hoje se chama Road Shopping – da escolha do terreno ao projeto arquitetônico, passando pelo mix de lojas. Também fui consultor comercial da fábrica de bexigas do Valdelzir, a Tati Balões, localizada em São Roque, cujo maior diferencial era o fato de serem perfumadas. Tenho grande carinho pelo Valdelzir, figura importante em um momento de indefinições profissionais.

Ser dono do próprio nariz

Depois que observamos a concentração do negócio da propaganda em poucos e grandes grupos de agências, é impossível não considerar o crescente número de pequenas empresas voltadas ao atendimento das demandas de comunicação de uma variada gama de anunciantes. Em uma cidade como São Paulo, que se caracteriza pela livre iniciativa em diversos setores da economia, mas principalmente na prestação de serviços, podemos, com facilidade, localizar aproximadamente 300 agências de propaganda operando regularmente. Essas empresas têm tamanhos e modelos que variam conforme as contas publicitárias que se propõem a atender. Uma parcela dedica-se ao planejamento de comunicação, ou ao que se convencionou chamar de arquitetura da marca. Não operam a criação ou a mídia, tampouco a produção, mas planejam as ações que irão contribuir para a consolidação da marca no segmento de mercado.

Outra parcela se dedica à criação. Essas empresas nascem nas edículas, nos fundos das moradias, e são fenômeno fruto da democratização do acesso à informática. Seria impensado, há alguns anos, o investimento em maquinário suficientemente capaz de produzir peças publicitárias ou rótulos de produtos. Pois hoje tudo isso é muito facilitado e proporciona o crescimento de pequenas empresas destinadas à solução de problemas de comunicação através da criação.

Muitas agências focaram suas atividades na mídia através da terceirização desse serviço. É uma consultoria, um aconselhamento dado por profissionais que conhecem os meandros da mídia convencional e se dedicam a prestar serviço nessa área para agências novatas que não têm volume de trabalho que justifique a montagem de um departamento de mídia.

A internet e a compulsão de toda empresa em ter um site ou presença nas redes sociais também contribuíram para o surgimento de empresas terceirizadas. Essas estruturas não empregam um grande número de colaboradores, mas movimentam considerável volume de recursos.

Os representantes comerciais de veículos também formam um contingente de pequenas empresas voltadas à propaganda. Os veículos não têm condições de montar escritórios próprios em importantes centros anunciantes espalhados pelo Brasil e utilizam os serviços de profissionais locais, publicitários que se responsabilizam pela comercialização dos espaços.

Agências especializadas, principalmente em promoção e contratação de mão de obra – promotoras –, fazem parte do rol das empresas de pequeno porte que movimentam a economia da comunicação e são fundamentais para a execução de muitos dos trabalhos encomendados por médios e grandes anunciantes.

Também existem as empresas de trade market. Elas nasceram da demanda em atender os anunciantes que atuam no varejo. Elas avaliam a satisfação no ponto de venda e são capazes de informar os anunciantes sobre os ajustes necessários ao produto ou promoção que está sendo oferecida. Não são empresas de call center, mas utilizam o telemarketing para contatar o trade, avaliar sua satisfação, incentivar as vendas, aplicar promoções e uma infinidade de outras atividades que complementam a propaganda convencional.

Todos esses serviços e muitos outros fazem parte das atribuições de um profissional de propaganda. Identificá-los, reconhecer seus momentos históricos e suas evoluções possíveis são tarefas dos publicitários, principalmente dos recém-formados, que estão procurando seu espaço em um mercado de trabalho altamente competitivo e restritivo. Essas atividades podem estar abrigadas em pequenas empresas com pequenos investimentos. Para o começo das operações, o importante é conquistar um cliente e ter ou se cercar de pessoas que tenham conhecimento para execução do serviço.

Só faltava vender livros!

Já falei que as coisas são conexas, principalmente na vida corporativa. Nas minhas andanças pelo licenciamento conheci a Raquel e o Max Altman, proprietários de uma empresa de infláveis (joão bobo e boias para crianças). A família Altman tinha forte participação no processo de consolidação do Partido dos Trabalhadores, o PT, e um dos seus filhos, o Breno Altman, havia fundado a Scritta Editorial, uma editora de livros-reportagens, com grande inclinação para a edição de autores de esquerda, nacionais e estrangeiros.

A Scritta precisava de um diretor comercial e eu fui sondado para o cargo. Confesso que adorei trabalhar em uma editora de inspiração política e para a qual já havia vendido classificados e balões – restavam os livros.

Adoro sentar em uma sala de espera e aguardar a hora de ser recebido para fazer uma venda. É nesse momento que eu ensaio a minha fala, meus gestos e o meu comportamento. Não acredito em talento nato. Acredito na vocação aprimorada, com muito estudo e observação.

Vender livros foi uma experiência gratificante. Desenvolver estratégias de venda adequadas a cada um dos títulos também. Tenho orgulho de ter participado do projeto *O Peixe Morre Pela Boca*, livro do jornalista Eugênio Bucci, que hoje é articulista do *Estadão* e que na primeira gestão do presidente Lula foi presidente da Radiobrás e iniciou o relevante debate sobre comunicação pública no Brasil. Também participei do livro *A Caravana da Cidadania*, do jornalista André Singer, sobre a grande viagem de Lula pelo interior do Brasil no início dos anos 1990.

Publicitário de carteirinha

Em 1992, recebi na Scritta uma ligação da Associação dos Profissionais de Propaganda, APP. Do outro lado da linha estava Vamberto Ibelli, secretário executivo da entidade, que, em nome do presidente, Luiz Casali, me convidava para integrar sua diretoria executiva. Há muito eu colaborava com a entidade na condição de professor, participando dos eventos e concursos universitários, mas ser convidado para integrar a diretoria era outra história.

A APP foi criada em 1937 como Associação Paulista de Propaganda e, junto com a ABP, Associação Brasileira de Propaganda, do Rio de Janeiro, fundada no mesmo ano, são as duas mais antigas entidades da publicidade brasileira.

A paulista foi inspirada no receio de que o Estado Novo impusesse restrições às atividades publicitárias, e um dos seus idealizadores e primeiro presidente foi o escritor Orígenes Lessa. A APP desenvolveu importante papel na qualificação e formação do profissional de propaganda.

Assumi a diretoria estudantil um dia após a ligação em uma reunião em que fui apresentado aos diretores, que eu não conhecia, e imediatamente comecei a trabalhar com os outros dois responsáveis pela área, meus amigos Ricardo Ramos Quirino (publicitário, trabalhou na RBS, no SBT, foi sócio da Grottera e da Grottera/TBWA, também teve passagem pela Publicis) e Yan Von Brewer (publicitário sócio da Novoespaço e da MPA, ex-presidente da Wunderman e da Lowe).

Esses dois profissionais de propaganda foram meus parceiros por anos na consolidação do Fest'Up, Festival Universitário de Propaganda, e do Concurso de Campanhas Publicitárias, eventos destinados aos alunos de publicidade.

Em 2005 fui eleito presidente do Conselho de Administração e da Diretoria Executiva para o biênio 05/07, sucedendo Ricardo Ramos. Ainda hoje eu participo das atividades associativas. Sou conselheiro do Conselho Nacional de Autorregulamentação Publicitária – Conar, em uma das cadeiras indicadas pela APP, e faço parte de outras entidades, como o Fórum do Audiovisual e Cinema – FAC – e Fórum da Comunicação – Forcom, que reúne mais de 30 entidades representativas do setor para organização do Congresso Brasileiro de Comunicação e outras iniciativas.

A mentira tem mídia curta

TÍTULO INSPIRADO NO LIVRO *CONAR 25 ANOS – ÉTICA NA PRÁTICA*, DE ARI SCHNEIDER

Sou conselheiro do Conar, a sigla que, além de resumir o nome Conselho Nacional de Autorregulamentação Publicitária, representa uma das mais significativas e relevantes experiências de autorregulamentação do mundo. Surpreendente que seja no Brasil e surpreendente que seja conosco, publicitários. Acho que não há surpresas.

O Brasil é um exemplo de legislação em defesa do consumidor. Diferentemente de outros países (destaque para sociedades badaladas como as europeias e americanas), desenvolvemos uma consciência de respeito ao consumidor poucas vezes vista. Os "prazos de validade", os pesos corretos, as informações nos rótulos, tudo isso é conquista da sociedade brasileira. Essa relação de respeito desenvolvida com o consumidor só poderia passar pela propaganda, a forma pela qual os consumidores recebem as melhores informações sobre produtos e serviços. E para continuarem a ser as melhores, um grupo de representativos publicitários esboçou, há mais de 25 anos, um Código de Autorregulamentação.

Fundaram o Conar as seguintes entidades:
- **ABA** – Associação Brasileira de Anunciantes;
- **ABAP** – Associação Brasileira de Agências de Publicidade;
- **ABERT** – Associação Brasileira de Emissoras de Rádio e Televisão;
- **ANER** – Associação Nacional de Editores de Revistas;
- **ANJ** – Associação Nacional de Jornais;
- Central de Outdoor.

Sem interferência do Estado, esse conjunto de normas permeou o pensamento dos profissionais de propaganda e suas atividades do dia a dia. Cientes do importante papel de influência exercido pelos anúncios, os publicitários se esmeram no respeito ao Código.

O Conar atende a denúncias de consumidores, de autoridades, dos seus associados e aquelas de iniciativa da própria instituição. Feita a denúncia, o Conselho de Ética – órgão soberano na fiscalização, julgamento e deliberação no que se relaciona à obediência e ao cumprimento do código – se reúne e põe a questão em julgamento, garantindo amplo direito de defesa à parte acusada. Se a denúncia tiver procedência, o Conar recomenda aos veículos de comunicação a suspensão da exibição da peça ou sugere modificações em seus dizeres ou imagens. Pode, ainda, advertir anunciante e agência.

O rito processual do Conar é rápido e simplificado. Formulada a denúncia e verificada a sua procedência, a diretoria sorteia um relator. O anunciante é informado da denúncia e pode enviar defesa por escrito. As partes envolvidas podem comparecer às reuniões e apresentar seus argumentos perante os conselheiros. Encerrados os debates, o relator apresenta seu parecer, que é levado a votação. A decisão é imediatamente comunicada às partes e, se for o caso, aos veículos de comunicação. Há duas instâncias de recursos: a Câmara Especial e o Plenário do Conselho de Ética.

Pode recorrer ao Conar toda pessoa que se sinta ofendida por uma peça publicitária – um filme de televisão, spot de rádio, anúncio de revista, jornal, outdoor, internet, mala direta, rótulo ou cartaz de ponto de venda. Ou que tenha constatado que o anunciante não cumpriu com o prometido no anúncio, que a peça não corresponde à verdade ou, ainda, fere os princípios da leal concorrência.

A queixa não pode ser anônima e deve ser encaminhada via telegrama, carta, fax, e-mail ou abaixo-assinado. O Conar instaura o processo ético contra o anúncio. Se no final o Conselho de Ética considerar a reclamação válida, pode recomendar a alteração do anúncio ou até a suspensão de sua veiculação em todo o país. A denúncia não importa em nenhum ônus aos consumidores. Já o anunciante que quiser processar o concorrente precisa ser associado ao Conar e contribuir para a manutenção do órgão.

O Conselho de Ética é composto pelos seguintes órgãos:
1. O Plenário e seu presidente.
2. A Câmara Especial de Recursos e seu presidente.
3. As Câmaras Éticas – três em São Paulo, uma no Rio de Janeiro, uma em Brasília e uma em Porto Alegre – e seus respectivos presidentes.

Cabe ao Plenário julgar os recursos extraordinários. A Câmara Especial tem a função de julgar os recursos ordinários contra decisões das Câmaras de Ética, às quais, por sua vez, compete julgar originariamente os processos instaurados por infração ao código.

O relator das Câmaras é encarregado de presidir todos os atos do processo, procurando assegurar a igualdade de tratamento entre as partes envolvidas, agilizar a solução do processo, convocar e mediar reuniões de conciliação.

O relator examina as alegações das partes e as provas produzidas, podendo a qualquer tempo recomendar a sustação da veiculação do anúncio, por meio de medida liminar, ordenar a produção de prova, requisitar mais informações ou o suporte técnico de peritos ou consultores e, ainda, redigir o relatório, parecer e voto a serem apresentados em sessão de julgamento. Em seu relatório, o relator pode recomendar:
- o arquivamento da representação – quando não se identifica desrespeito ao código;
- a advertência ao anunciante, agência ou veículo de comunicação – quando o anúncio se aproxima muito dos limites éticos definidos pelo código;

- a alteração do anúncio – quando em parte o material está em desacordo com o código;
- a sustação do anúncio – quando no todo o material está em desacordo com o código;
- a divulgação pública – quando após decisão do Conar o anunciante continua a desrespeitar a recomendação do órgão.

Defendo, junto às escolas de publicidade, que o Código não pode fazer parte de matéria geralmente chamada de Legislação e Ética Publicitária. Advogo que o Código deve ser parte integrante do curso inteiro. Permanentemente ao alcance dos alunos. Material didático obrigatório. Ocupante das mochilas, pastas e carteiras. De tal forma que, quatro anos após o ingresso na faculdade, todos os publicitários o conheçam em profundidade e entendam a importância de uma atividade ética e responsável.

Back to the propaganda

Durante a edição do Fest'Up no fim do ano de 1992 fui convidado pelo Yan Von Brewer para trabalhar na MPA como diretor de Novos Negócios. A MPA era uma agência promocional parceira da agência de publicidade Young & Rubicam, na época sob o comando de Christina Carvalho Pinto, Antônio Fadiga e Amador Bueno de Camargo, o trio que transformaria a Y&R em uma potência.

Aceitei o desafio que significaria um grande salto na minha vida profissional. O Yan Von Brewer, além de competente, é uma figura humana sensacional, e muito rapidamente formamos uma dupla imbatível nas reuniões de prospects da Young & Rubicam, apresentando soluções promocionais. Conquistamos muitas contas junto com a Y&R.

Isso durou até o dia em que a Kibon, fabricante de sorvetes (produtos alimentícios de novo), fez uma avaliação sobre o desempenho da Young & Rubicam e, entre muitas críticas, destacou positivamente o meu atendimento na área de promoção, mesmo eu sendo colaborador de uma agência parceira.

Foi o que bastou para o Renato Loes, então diretor de atendimento, hoje presidente da Dentsu no Brasil, e o Antônio Fadiga, então sócio e diretor de operações da Y&R, decidirem pela minha contratação. A lógica era a crescente demanda dos anunciantes pelos serviços assessórios como a promoção, sempre uma grande dificuldade para agências que só sabem fazer anúncios e acabam deixando uma significativa verba para outras agências. Ter nos seus quadros de colaboradores um profissional capaz de gerenciar essas demandas e garantir alguma receita era o projeto da Young & Rubicam.

O momento era ideal. A agência havia contratado o Pascoal Fabra Neto, um talentoso diretor de criação com pretensões empreendedoras. O Pascoal queria montar uma empresa dentro do Grupo Young que atendesse os clientes na área de planejamento e criação promocional e design. Fabra Neto é sócio da M&C Saatchi F&Q.

Em junho de 1994 fui convidado para um almoço com o Renato Loes e o Pascoal Fabra Neto e recebi, sem grandes rodeios, um convite para me transferir para a Young & Rubicam imediatamente, para ganhar três vezes o que eu ganhava.

O fato é que minha relação com o Yan Von Brewer era das melhores e o convite da Y&R poderia significar uma diminuição de receitas para a MPA – esse era o meu drama pessoal. Creio que tomei a decisão correta de me transferir para a agência, mas comunicar isso ao Yan foi uma das minhas tarefas profissionais mais difíceis.

Na elite da propaganda

Na Young conheci um novo mundo. A agência vivia seu grande momento. Muitos profissionais de excelente qualidade. Uma escola que crescia a taxas absurdas, graças ao talento da Christina Carvalho Pinto, do Antônio Fadiga e do Amador Bueno de Camargo, complementados por profissionais maravilhosos como Renato Loes e Ruy Lindenberg e suas respectivas equipes.

Viabilizei na largada alguns projetos pequenos que me deram a visibilidade necessária para ser reconhecido como alguém que faz. Uma distribuição de sampling para a Colgate em Campos do Jordão, o lançamento do sorvete Mövenpick da Kibon em Belo Horizonte e uma ação promocional para o protetor solar Piz Buin, da J&J, no Guarujá.

As verbas não eram significativas, mas ficavam na Young & Rubicam e geravam muita visibilidade. Tenho muito orgulho de ter planejado e executado a festa de 30 anos da Gradiente, indústria de eletrônicos, de ter promovido o lançamento do chocolate Milka no Brasil, de ter produzido espetáculos teatrais para a Vodka Orloff, da Seagram, e de ter produzido trios elétricos em Recife para o Rum Montilla.

Foi um período de muito aprendizado e muita produção, que acabou porque as prioridades da agência mudaram, mas tenho muita satisfação de ter feito parte da Young & Rubicam entre 1994 e 1998.

Meu encontro com Deus, ops, com DeDeo

Era a hora do almoço. A unidade em que eu trabalhava (promoção e design) ocupava uma espaçosa sala no 19º andar de um prédio na Av. Faria Lima. Um sonho para quem estava às portas dos 30 anos e não acreditava nas previsões de que a vida profissional começa efetivamente com a maturidade. Pois incrédulos, acreditem, as coisas começam a acontecer depois dos 30 anos.

Nessa sala, dividíamos uma mesa de reunião. Profissionais de diferentes origens montavam uma unidade de negócios voltada ao planejamento e operação promocional. Na época, as agências estavam descobrindo esse segmento e se organizavam para oferecê-lo aos clientes.

Na hora do almoço, não fica muita gente no escritório. Eu estava lá. Uma mistura de vontade de mostrar serviço, timidez no novo local de trabalho e desconhecimento sobre os colegas.

De repente, sem aviso, irrompe na sala um homem de grande estatura vestido com calça bege, camisa de seda amarela, blazer azul-marinho e um lenço vermelho na lapela. Você acha que eu gravei a cena?

Independente do seu gosto para vestimentas, algo era mais perturbador naquele homem: o fato de se comunicar em inglês.

Parece natural que todos falem minimamente o inglês. Isso já era natural em 1994. Eu sabia que estava em uma multinacional, sabia que o contato com chefes, colegas e clientes em inglês era inevitável, mas, naquele momento, a cena me pareceu assustadora.

Era hora do almoço e um homem que só fala inglês vem falando em minha direção. Por que eu não fui almoçar com todo mundo? Tarde demais. Estrangeiros em escritórios multinacionais são importantes, não interessa quem sejam.

Muito bem, concentração. Ele falava e eu coloquei todos os meus neurônios (quantos será que eu tenho?) para funcionar e, por um processo de associação, entendi que ele procurava a Christina Carvalho Pinto, presidente da Y&R, que antes de uma recente reforma (agências adoram reformas) ocupava exatamente aquela sala onde eu estava. Daí a confusão.

Todo mundo já passou por isso e sabe que uma sequência de OKs bem entonados enrolam um americano por, vá lá, 1 minuto.

Foi o suficiente. Com sinais aprendidos na única sessão como escoteiro (lobinho, para ser sincero) que frequentei ainda em Porto Alegre, fiz com que ele me acompanhasse até a secretária da Christina, uma moça que se vangloriava (para mim) de falar perfeitamente o inglês. Missão cumprida, o homem me solta um grande e amigo sorriso e agradece minha desajeitada, porém prestativa, atenção.

Esse homem era Joe DeDeo, CEO (Chief Executive Officer) da Young & Rubicam Latin America. O "pai de todos". Esse era o cara.

Estive algumas vezes mais com Joe. Ele era grande e sua posição na companhia o fazia maior. Simpático, era admirado e querido por todos e teve uma contribuição na formação dos profissionais que trabalharam com ele e aprenderam a respeitar a importância de um prospect, de um new business, da conquista de uma nova conta.

Joe dizia: "New business solves almost every problem an agency can have" e, segundo ele, as 70 dicas para um novo negócio são:

- Declare guerra em novos negócios. Assuma um compromisso total para fazer tudo aquilo que for necessário para ganhar novas contas.
- Escolha seus alvos, seus clientes ideais. Não deixe que eles os escolham.
- Não existe período de consolidação. Nunca pare com os esforços para conquistar novas contas.

- Sempre tenha os seus melhores executivos em novos negócios.
- Faça com que sua melhor equipe conduza a apresentação, mesmo que você não possa comprometer todos eles no longo prazo.
- Não perca tempo falando de você, passe a maior parte do tempo falando sobre o cliente.
- Surpreenda na apresentação. Inverta a ordem. A lógica das apresentações faz, muitas vezes, com que nossas ideias pareçam óbvias. Apresente a última folha primeiro.
- Crie e use personalidades fortes da agência.
- Divirta-se junto com o prospect.
- Encontre um "amigo secreto" na empresa que você está prospectando.
- Nunca acredite no que o prospect diz que está procurando em uma nova agência.
- Mude, adapte sua apresentação à medida que você a estiver fazendo a fim de ajustá-la às observações.
- Obtenha o maior número de informações antes da apresentação. Tente tomar um cafezinho com o presidente da empresa.
- Trabalhe muito nas ideias, mas na hora da apresentação faça com que algumas pareçam espontâneas.
- Não aceite não como resposta.
- O ditado "água mole em pedra dura" funciona na propaganda.
- Não tenha medo de fazer um pouco, ou muito, de espetáculo.
- Sempre há mais alguma coisa a ser feita, antes, durante ou depois da apresentação.
- Depois da apresentação faça um acompanhamento (follow) mais criativo que a tradicional carta de agradecimento.
- Evite ser completo demais em suas recomendações, sempre apresente suas ideias como pensamentos iniciais.

- Sempre responda a todas as perguntas do briefing do prospect. Sempre.
- Sempre vá além do briefing.
- Seja o primeiro a chamar o prospect, não espere ser chamado.
- Nunca é muito tarde para entrar em uma concorrência.
- Tenha uma aparência criativa em sua apresentação e materiais.
- Os charts da apresentação devem ser como anúncios: curtos, direto ao ponto e o mais visuais possível.
- Nunca discuta com o prospect. Ouça suas opiniões.
- Não banque o espertinho, o sabichão.
- Faça com que o prospect se sinta conhecedor de aspectos que você desconhece.
- Deixe o prospect falar o máximo possível, antes, durante e depois da apresentação.
- Nunca critique a empresa do prospect, suas marcas, suas propagandas, sua antiga agência, deixe que ele faça isso.
- Sempre trabalhe em direção à próxima reunião.
- Utilize a ferramenta de pesquisa para envolver o prospect e mantê-lo interessado nos resultados que você irá apresentar.
- Sempre saiba primeiro quem é o mandachuva e fale com ele.
- Faça com que suas apresentações virem sessões de trabalho com o cliente.
- Exagere em suas vitórias para criar uma aura de agência nota 1.000.
- Use o aval de clientes satisfeitos através de rankings, vídeos etc.
- Procure estar informado da mudança de emprego de clientes satisfeitos. Eles são seus melhores prospects.
- Decida cuidadosamente como realizar o primeiro contato com um prospect. Não entre com muita ou pouca força.
- Coordene seu ataque com esforços internacionais. Decida quem fala o quê, em que ordem e o que fala.

- Tenha certeza de que cada um está cantando a mesma música, dentro de sua agência e internacionalmente.
- Lembre-se de que todos os seus competidores estão dizendo a mesma coisa que você sobre as suas agências.
- Lembre-se de que o prospect está sempre muito mais preocupado com a sua carreira do que com o seu negócio, a não ser que ele seja o dono.
- Use seu pessoal de mídia e produção para obter informação sobre possíveis prospects – melhor ainda, use todo mundo de sua agência.
- Use seus clientes para obter informações.
- Use o consumidor para dar as más notícias ao prospect sobre o negócio dele, a propaganda dele etc.
- Enlouqueça sempre o prospect perguntando mais e mais coisas. Faça visitas à fábrica, passe tempo com os executivos mais importantes e com a força de venda.
- Lembre-se sempre de pedir a conta no final da apresentação.
- Tente evitar uma competição entre agências, peça um job para mostrar seu trabalho.
- Se não for possível evitar a concorrência entre agências, tente minimizar os desgastes desse processo.
- Use todas as armas para vencer. Tudo é justo no amor, na guerra e em novos negócios.
- Não seja arrogante, mas sim confiante. Seja como eles, não pareça desesperado pela conta.
- Não seja crítico, mas também não se deixe ser enganado por perguntas feitas para testar sua sinceridade, sua inteligência.
- Faça com que o prospect sinta que você está trazendo novas ideias, as ideias mágicas de que ele precisa para salvar seu negócio.
- Prepare pelo menos uma grande surpresa em sua apresentação. Duas é melhor. Três é uma apresentação vencedora.

- Fique atento aos sinais do prospect durante e depois da apresentação. Linguagem corporal, anotações e até mesmo rabiscos.
- Comece sempre as apresentações de forma provocativa e termine-as no auge.
- Use ou provoque informações no mercado que favoreçam a sua agência em uma concorrência.
- Desenvolva e mantenha relacionamentos nos três níveis hierárquicos do prospect, alto, médio e baixo.
- Não deixe que brinquem com você. Levante-se e lute.
- Crie um plano de comunicação para os novos negócios. Mala direta, anúncios especiais, cartas, ligações, reuniões, coletivas de imprensa, eventos com clientes etc.
- Tenha uma apresentação padrão da agência que seja flexível, para que você possa mostrar diferentes formatos de empresa.
- O que você faz com os prospects antes da apresentação pode ser mais importante do que a própria apresentação.
- Use e abuse dos recursos internacionais. Contatos, informações, rolos de comerciais, materiais, ideias, trabalhos criativos, especialistas, pesquisas etc.
- Lembre-se de que novos negócios não é vender ideias criativas, e, sim, vender a agência.
- Diga qualquer coisa, prometa qualquer coisa, depois você vê como resolve.
- Conflito entre contas é algo que não existe.
- Faça algo, todos os dias, em nome dos novos negócios. Comece amanhã de manhã.
- Ensaie, ensaie, ensaie. Verifique a duração da apresentação. Não leve mais de 30 ou 40 minutos. Não confie nos equipamentos, assuma que os materiais estarão atrasados e errados.
- Tenha sorte.

Daí para a frente, eu e as equipes com quem tive a honra de trabalhar tivemos muitas vitórias e muitas derrotas também. Por isso gosto da última dica de Joe DeDeo: "Tenha sorte". Um dos maiores estrategistas militares da história, Napoleão, acreditava piamente em ter "generais sortudos". Eu também.

Todo mundo tem o mesmo patrão

A concentração de agências sob o mesmo grupo empresarial as torna iguais, porque reproduzem em sua gestão os mesmos modelos.

Há algum tempo, em uma agência de propaganda, ouvi uma brincadeira que me agradou muito, como representação do momento atual do nosso negócio: um grande empresário, dono de diversas agências de propaganda concorrentes entre si, se tornará o único patrão do mercado. Nesse momento, fatigado pela mesmice do negócio, demitirá todo mundo e, aí, tudo começará novamente.

Outro dito do qual gosto muito é que, se vender fosse bom, norte-americano venderia agências de propaganda em vez de comprá-las.

A concentração de agências sob o mesmo grupo empresarial, bem como a voracidade com que esses grupos compram empresas, em especial as brasileiras, é um fenômeno importante para o entendimento do negócio da propaganda.

Sob o argumento de que diversas agências do mesmo grupo podem atender clientes conflitantes, que elas agem independentemente umas das outras a ponto de se tornarem concorrentes ou, ainda, que desenvolvem características de gestão próprias e concentram os melhores profissionais do mercado, em diferentes áreas da publicidade, são argumentos que se perdem na lógica dos fatos.

Os grupos empresariais que concentram diferentes agências de propaganda possuem a mesma diretoria. Ou seja, as mesmas pessoas avaliam o desempenho de cada uma das empresas. Algumas com ótimos resultados e dando lucros para os acionistas, outras com péssimo desempenho, provocando prejuízos para os mesmos acionistas. O que devem fazer? Aplicar as práticas de gestão das empresas com bons resultados nas empresas com maus resultados. Isso é a comoditização da propaganda. Com o passar do tempo, agências de propaganda que fazem parte do mesmo grupo empresarial se tornam iguais porque reproduzem em sua gestão os mesmos modelos. Estimular a concorrência definitivamente não é isso.

Outro agravante é que nós, profissionais de propaganda, não podemos receber convite de agência concorrente, participante do mesmo grupo empresarial. Transferências pressupõem aumento de salário, mas como explicar para os diretores do grupo que um funcionário, que já trabalhava para o grupo por um salário menor, foi contratado para outra empresa do grupo por um salário maior? Complexo, mas verdadeiro.

Por concentrarem estrondoso poder internacional, os dirigentes dos grupos acertam as transferências de contas entre agências "irmãs" sem considerar uma série de fatores como, por exemplo, a perda do emprego de publicitários. Também é simples entender que, se é para continuar sendo atendido pelo mesmo profissional de propaganda, por que trocar de agência?

Outra consequência da incrível concentração de empresas de propaganda no mundo é o alinhamento internacional de contas. Fenômeno curioso que parte de alguns pressupostos que os jovens publicitários vão escutar muito no início de suas carreiras.

O alinhamento se dá quando um cliente internacional é atendido nos diferentes países em que atua pela mesma agência ou grupo de agências. Geralmente, a determinação vem da sede do anunciante, que decide qual agência será responsável pela comunicação naquele país. Para tanto, as matrizes (anunciante e agência) acertam uma linha de comunicação que deverá ser seguida no mundo todo, com pequenos ajustes locais, mas sem alterar a essência da comunicação, mesmo que ela seja muito distante da realidade do local. Mais ou menos na linha do "o que é bom para nós, é bom para todo o mundo". Vivenciei muitas histórias em consequência do alinhamento internacional. Há casos de apresentar dezenas de campanhas baseadas no conceito mundial, sem conseguir aprovar nenhuma e alguém sugerir a importação de criativos de outros países. Se a importação de pessoas não funcionar, resta a nacionalização do filme estrangeiro, algo como fazer com que uma feliz família porto-riquenha pareça uma feliz família nordestina. Se isso não é o bastante, que tal traduzir o slogan e ouvir perguntas do tipo "O que significa isso mesmo?" ou "Qual era a ideia que queria passar?". Hoje em dia nem se perde mais tempo com essa história de traduzir, usa-se o original mesmo. E são horas e horas de teleconferência. Primeiro com nossos irmãos argentinos, chilenos ou mexicanos. Depois com a coordenação para as Américas. Esta fica de preferência na Flórida. E, por fim, com a coordenação internacional. Esta gosta da Inglaterra.

Estereótipos à parte, os sucessos locais não significam sucessos mundiais. E não há mal nisso. Mas uma energia absurda é consumida por anunciantes e agências no cumprimento de uma pauta internacional que não engrandece em nada a marca e seu desempenho local.

As referências internacionais são ótimas, mas são só referências. Não endossam o sucesso ou fracasso de um produto. Nada tenho contra as agências multinacionais, pelo contrário, sempre atuei nessas empresas, onde aprendi muito do que sei.

O instrumental dessas empresas é vasto e enriquece o pensamento estratégico. Por isso defendo, com veemência, as atuações regionais, pois com esse ferramental à disposição, a possibilidade de o resultado estratégico e criativo ser positivo é muito grande quando alinhado ao pensar do publicitário brasileiro e não a um outro pensar.

Boca Virgem ou BV

Tenho filhas adolescentes que, com suas amigas de escola, chamam aqueles ou aquelas que ainda não beijaram na boca de Bocas Virgens, os BVs.

O mercado publicitário não tem mais muitas coisas virgens. Quem sabe, nada. Mas continua tendo alguma dificuldade em falar de BV. BV, nesse caso, não são as bocas virgens da escola, e sim uma sigla que significa Bonificação de Volume.

Muitos publicitários terminaram seus cursos de propaganda em renomadas instituições de ensino e nunca ouviram falar em BV. Pois a Bonificação de Volume é um prêmio, um incentivo oferecido pelos veículos de comunicação para aquelas agências que em um período de tempo (geralmente anual) investiram na compra de espaços publicitários.

Uma agência de propaganda atende diversos clientes e desenvolve para cada um deles uma estratégia de atuação. Nessa estratégia, diferentes ferramentas são utilizadas. A mídia convencional, o marketing direto, a promoção de vendas e muitas outras ações que colaboram com os objetivos que foram planejados para as marcas. Todo esse trabalho tem acompanhamento direto do cliente. Nada é feito sem seu conhecimento e aprovação. O trabalho do publicitário é um trabalho solidário. O cliente participa de tudo. Participa do acerto e do erro. A escolha das ferramentas é feita de maneira acordada.

Pois o BV é um incentivo que os veículos (TVs, rádios, jornais, revistas etc.) oferecem para as agências caso, no conjunto de estratégias de diferentes anunciantes, seus veículos sejam contemplados além dos desempenhos históricos. Não vale o incentivo se uma agência em um ano investir menos em uma emissora de TV do que investiu no ano anterior. O incentivo é para o crescimento.

O fato é que o tema bonificação de volume, ou seja, o prêmio pelo volume investido em um veículo, não é assunto do gosto dos anunciantes, que se sentem lesados pela remuneração das agências. Na visão dos anunciantes, as agências já são remuneradas pelo serviço que prestam e consideram que, se os veículos têm margem para premiar as agências, poderiam usar essa margem para conceder maiores descontos nas compras dos espaços publicitários.

Os veículos se defendem afirmando que fazem do dinheiro que recebem o que bem entenderem. Se, ao final de um ano, querem premiar seus mais fiéis parceiros comerciais, ou seja, as agências que mais investiram no veículo, podem fazer isso sem dar explicação ou justificativa a ninguém. Em um mercado pautado pela concordância de propósitos e ideias, esse é um dos poucos assuntos que provocam certa polêmica. Por isso considero importante trazê-lo à luz para discussão nas escolas e pelos jovens profissionais de propaganda.

O BV se tornou uma receita importante para algumas agências de propaganda e isso causa desconforto aos anunciantes que, cada vez mais, investem suas verbas na compra de espaços publicitários.

Porém, os anunciantes, zelosos de suas verbas, são useiros e vezeiros nos incentivos que distribuem indiscriminadamente para o varejo, por exemplo. Com o objetivo de ter espaços maiores com seus produtos nas prateleiras dos supermercados, distribuem verbas para o ponto de venda e compram espaços nas gôndolas. É claro que esse dinheiro é repassado ao preço do produto e, consequentemente, impacta o consumidor final, que é quem paga, como sempre, a conta.

Ou seja, o resumo da ópera é que é muito difícil imputar juízo de valor para as práticas comerciais do sistema capitalista de organização da sociedade. E a propaganda está inserida nesse contexto.

Sopa de letrinhas

Full service, beyond advertising, brand experience, total branding, bellow the line, disruption, inovation hub e outras expressões para dizer a mesma coisa: fazemos qualquer negócio. E não nos envergonhamos disso, pelo contrário, as grandes agências e anunciantes incentivam a utilização de ferramentas complementares à atividade publicitária e apreciam dar nomes que expressem o conjunto dessas ferramentas. O fenômeno teve início no final dos anos 1970 e foi liderado pelas agências multinacionais. Aconteceu no mundo todo e agitou o mercado brasileiro. As agências de propaganda consolidadas foram estimuladas por seus clientes a agregar aos serviços convencionais os serviços de promoção, marketing direto, marketing de relacionamento, treinamento, incentivo, design, digital, entretenimento etc.

Muitas montaram departamentos internos, outras decidiram criar agências especialistas e várias foram às compras, adquirindo empresas existentes. De todo esse processo, restou o saldo positivo de qualificação e valorização dos profissionais especialistas em outras áreas de competência.

Alguns grupos reúnem sob seu guarda-chuva um número expressivo de empresas para atender seus clientes e disputar espaço com os clientes alheios e, muitas vezes, conflitantes.

Chamamos de clientes ou contas conflitantes aquelas que pertencem a um segmento já atendido pela agência. Por exemplo, uma agência de propaganda não pode atender dois bancos ou dois supermercados ou, ainda, duas operadoras de telefonia móvel. Mas suas "irmãs", de outros segmentos da comunicação, podem.

A administração das empresas (e dos conflitos) nem sempre é uma tarefa fácil. Os grandes grupos internacionais de agências de propaganda não só reúnem uma série de agências, como também reúnem uma série de empresas especializadas. No final das contas, tudo se transforma em um grande emaranhado de agências que atendem publicitariamente um cliente e, por exemplo, no marketing direto, seu principal concorrente.

Como podemos perceber, a tolerância é uma característica do sistema capitalista, pelo menos na propaganda e suas atividades congêneres. Todos conspiram pela manutenção do sistema e dos empregos. Somos uma verdadeira corporação.

Mas voltemos às denominações. Conferir nomes ao que fazemos, de preferência em inglês, é quase um vício. Algo irresistível que cultivamos com afinco. Vira e mexe surge um nome novo para o que já fazíamos. São as nossas embalagens. Renovamos o discurso através de uma nova denominação e conquistamos clientes com isso. Atuamos em uma dinâmica própria do mercado e o conhecimento dessa dinâmica nos transforma em profissionais competitivos.

Muitas vezes fui crítico da forma com que as agências onde trabalhei montavam departamentos, contratavam profissionais ou, até mesmo, compravam empresas e embalavam tudo isso com um nome. Com o passar do tempo, entendi a dinâmica, o funcionamento, o negócio. Gostaria que os futuros profissionais de propaganda entendessem, desde o início de suas carreiras, esse sistema e dedicassem energia ao seu aprimoramento e não à crítica.

Nosso negócio, nossa profissão, valoriza a convivência pacífica entre as diferentes ferramentas da comunicação. Sabemos que um anunciante precisa ter ao seu dispor diversas ferramentas para alcançar seus objetivos comerciais e de comunicação. Não há instrumento único e não há salvadores da pátria ou campanhas exclusivamente publicitárias que sintetizem o conjunto de benefícios e características de uma marca ou serviço. As empresas de comunicação descobriram isso há trinta anos e não perderam tempo em apresentar para o mercado e principalmente para os anunciantes – donos do dinheiro – um cardápio de agências especialistas em diferentes ferramentas. Esse processo fez com que o mercado publicitário brasileiro crescesse e se profissionalizasse.

Já me posicionei sobre a estrutura curricular dos cursos de propaganda no Brasil. Defendo a formação básica como fundamental para os pretendentes à carreira de publicitário. Mas isso não dispensa a importância das escolas em oferecer, aos futuros profissionais, uma ampla visão das múltiplas possibilidades profissionais que encontramos nos serviços especializados de comunicação.

Minha convivência com estudantes de propaganda do Brasil inteiro sugere que esses aspectos estão em grande parte sendo esquecidos pelas escolas. Mais do que aptidões ou competências, é importante que as faculdades informem seus clientes, os alunos, sobre as oportunidades da indústria da comunicação. Caso as escolas tenham dificuldades naturais diante da rapidez das transformações e da lerdeza da informação, cabe aos estudantes um esforço extra para adquirir conhecimento e informação sobre a sopa de letrinhas em que se transformou nos últimos tempos a propaganda.

Pergunte o que você não sabe

Somos generalistas. A propaganda é uma atividade generalista. Sabemos o suficiente (e às vezes isso é muito) sobre muitas coisas. Em nossas vidas profissionais atendemos dezenas de anunciantes de diferentes origens e segmentos de negócio. Essa característica, inerente à atividade, nos transforma em conhecedores "profundos" de muitas categorias, de modo que podemos surpreender um interlocutor com nossas informações. Sabemos sobre a marca para a qual trabalhamos, mas também sabemos sobre seus concorrentes, afinal é fundamental para o trabalho de comunicação conhecer os passos da concorrência. Sabemos sobre as inovações, canais de distribuição e experiências internacionais.

Com o passar do tempo e da vivência profissional, acumulamos um repertório de conhecimento sobre diferentes segmentos de atividade e se torna natural fazer comparações entre produtos distintos, mas no mesmo estágio "de vida".

As informações que juntas compõem o conhecimento dos profissionais de propaganda vêm de diversas fontes. O convívio com o cliente, principalmente no início do relacionamento comercial, ou seja, quando ganhamos a conta, é intenso. São muitas reuniões entre as equipes do cliente e da agência e muita troca de informações. Sobre tudo perguntamos e sobre tudo queremos saber. Esse é um momento importante na relação entre cliente e agência. O começo. Nesse momento, são identificadas as peças-chave do cliente pela agência e da agência, pelo cliente.

Passado esse momento, dependendo da demanda do cliente, o relacionamento continua bastante frequente e se torna imperativo continuar aprimorando conhecimento sobre o produto e sua categoria. Não raro, profissionais de propaganda que trabalham em agências são convidados para se tornar clientes (mudar de lado), tamanho o grau de conhecimento sobre o negócio que atendem.

As informações também são oriundas de pesquisa. Ferramenta fundamental para o exercício da profissão, a pesquisa traz à luz a percepção do consumidor sobre os mais variados aspectos do anunciante.

Fazemos pesquisa sobre tudo. Pesquisamos em profundidade, seja no aspecto qualitativo, quando reunimos alguns consumidores e conversamos sobre o produto, ou quantitativo, quando perguntamos para muitos o que pensam do produto.

Tanto uma ferramenta quanto a outra são aplicadas em determinados momentos. Por exemplo, quando queremos conhecer a opinião do consumidor a respeito da introdução de um novo sabor na linha de uma tradicional marca de sucos de fruta, podemos reunir grupos de consumidores e conversar sobre o tema. Esses grupos serão formados por usuários e não usuários da marca e o resultado dessa pesquisa qualitativa irá orientar a formulação do novo produto.

Quando o suco estiver pronto, podemos voltar a campo e perguntar para um grande número de pessoas (por isso chamamos de pesquisa quantitativa) o que pensam do sabor, da textura, da cor, do rótulo, da embalagem e mais uma infinidade de abordagens que orientarão a indústria na colocação do produto no mercado e a agência em como anunciar a novidade.

De posse das informações qualitativas e quantitativas, anunciante e agência elaboram a campanha publicitária e, antes de ela ir ao ar, submetem-na a uma pesquisa com o público-alvo. Chamamos essa iniciativa de pré-teste da campanha e seu objetivo é colocar no ar anúncios que atendam às expectativas do consumidor.

Quando a campanha está na rua, convidamos novamente o consumidor a se manifestar. Chamamos isso de pós-teste da campanha e seu objetivo é avaliar se as promessas formuladas pelos anúncios correspondem ao produto. Curioso é o fato de muitas vezes as campanhas serem mais bem avaliadas do que o produto. A campanha é lembrada e admirada, mas o produto deixa a desejar. A isso damos o nome de *over promise*.

A pesquisa de mídia é uma das principais áreas da agência de propaganda. Por se tratar do volume de investimento, é fundamental o maior número de informações sobre a eficiência do meio selecionado e do veículo escolhido junto ao público consumidor. Além de institutos de pesquisa especializados em atualizar o desempenho dos veículos junto ao público-alvo, muitas empresas de comunicação investiram na montagem de departamentos de pesquisa para dar suporte às agências e anunciantes. Hoje em dia, uma campanha vai para a rua com enorme arsenal de informações e dados que servem para garantir o sucesso da ação e o retorno do investimento.

O fato é que hoje podemos orientar nossas decisões com base em dados objetivos, que minimizam os riscos, é verdade, mas podem engessar nossas ações. Confie em sua sensibilidade, confie nas experiências adquiridas através do tempo. Algumas ideias não terão suporte em pesquisa e serão vitoriosas, farão a diferença. O escritor Nelson Rodrigues dizia que a unanimidade é burra. Acredito que nas vozes destoantes da maioria existem possibilidades criativas e oportunidades que podem ser levadas adiante e se transformar em sucesso.

Bureau, aquele cujo nome não se diz

No sucesso *Harry Potter*, todos aqueles que não são bruxos são trouxas. Acho isso genial. Faz todo o sentido. Todos aqueles que não têm atribuições especiais, no caso, que não sabem fazer truques, são trouxas. Se transportássemos nosso mercado publicitário para o mundo de Harry Potter, nós, no Brasil, seríamos os trouxas.

Isso mesmo, em um universo onde todos praticam um modelo de negócio, nós, os trouxas brasileiros, além de não utilizar o mesmo modelo, nos negamos a discutir isso e temos o nosso assunto maldito, proibido, expulso dos seminários, proscrito das salas de aula. Tão perigoso é abordar esse tema que nem as mesas de bar ele frequenta, sob a forte suspeita de trazer malefícios para os que ousam pronunciar seu nome.

Ainda na esfera Harry Potter, esse é o assunto cujo nome não se diz. Mas como nem eu nem você estamos para brincadeira, aí vai o nome que não se diz, o assunto do qual todos fogem: bureau de mídia. Galicismos à parte, estamos falando dos escritórios especializados em planejamento e compra de mídia. Prática constante em diversos mercados no mundo todo, no Brasil esse modelo de gestão das verbas publicitárias foi julgado e condenado à revelia.

Na realidade, nada mais é do que agências de propaganda especializadas em mídia. Agências sem planejamento ou criação. Agências com profissionais de mídia, focados no planejamento e na compra. Escritórios de investimento publicitário, à parte das outras atividades da nossa profissão. E que mal há nisso? Nenhum.

Mas não foi assim que aprendemos ou praticamos e crescemos na profissão, considerando que o maior mérito do mercado publicitário brasileiro é não permitir o funcionamento do bureau de mídia. Não é verdade. Temos muitos méritos e essa miopia tendenciosa está longe de ser um deles.

Os escritórios de mídia não causam mal algum ao mercado publicitário, pelo contrário, são capazes de democratizar a distribuição da verba, fortalecer veículos em fase de consolidação e abrir novas perspectivas profissionais. Historicamente vincula-se o bureau a escritórios de especulação, que compram espaços em grande quantidade a preços muito competitivos e revendem aos anunciantes. Nessa operação, os preços ficam à mercê do aquecimento ou não do mercado. O fato é que essa operação pode enfraquecer os veículos, mas não é dela que estamos falando. A confusão histórica é proposital para blindar a ideia das agências de mídia.

Assim como existem agências que prospectam contas, outras que planejam propaganda, outras que criam os anúncios, outras que pesquisam seu desempenho, por que não podemos ter agências que planejam e compram mídia?

Pois não é permitido. E já tentamos. Diversas foram as tentativas de criar empresas especializadas em mídia e todas sofreram as maiores resistências, verdadeiros boicotes comerciais e, pior, constrangimento de muitos publicitários talentosos, expurgados, condenados por defenderem um modelo de negócio.

O curioso é que todas as agências multinacionais que operam no Brasil possuem suas agências de mídia no exterior. Muitos anunciantes no Brasil mantêm centrais de compra de mídia dentro de suas estruturas internas e, ainda, as empresas do governo inventaram nos últimos anos os núcleos de mídia que reúnem suas agências e profissionais internos, que compram toda a mídia do cliente.

Enfim, aparentemente, tudo pode, desde que não se transmita a ideia de que a atividade de mídia é suficientemente importante para se transformar em um negócio à parte, desvinculado das agências de propaganda. O modelo de negócio da propaganda brasileira, que reúne sob uma mesma pessoa jurídica (agência) a criação e a compra dos espaços publicitários, não é um marco regulatório, como seus defensores tentam impor, e sim um projeto de hegemonia de poucas empresas de comunicação, que dessa forma mantêm o controle sobre grande parte das verbas publicitárias.

A descentralização da compra de mídia proporciona a desregulamentação da propaganda no Brasil e permite a livre negociação entre o tripé anunciante, veículo e agência. O desconto--padrão oferecido pelo veículo deixa de ser a única forma reconhecida de remuneração.

Ao contrário do que pensam os céticos, a livre negociação não é aviltação de preço e pode perfeitamente significar criatividade nas operações comerciais.

Os "trouxas" não suportam a criatividade porque ela corrompe as convenções, e tudo que é novo causa sofrimento. Essa discussão vale a pena e a próxima geração de profissionais de propaganda não pode se furtar de fazê-la, sob pena de perpetuarmos os "trouxas" na propaganda brasileira.

A decadência do modelo brasileiro de propaganda

Se estivessem realmente empenhados na defesa do modelo brasileiro de propaganda, os arautos do apocalipse que combatem as agências de mídia combateriam, com igual vigor, as agências de planejamento. Chamadas de consultoria de branding e planejamento, para despistar o policialesco sistema brasileiro de controle sobre a livre iniciativa no setor de comunicação, essas empresas se multiplicam abastecidas por profissionais de inquestionável competência, que decidiram dar novos ares à propaganda brasileira.

Sufocados por um sistema hegemônico que demoniza as iniciativas de alinhar o Brasil ao que há de mais moderno no mundo, como a adoção de outros modelos que não suportam a ineficiência das agências full service, esses publicitários conseguem empreender seus negócios por conta da miopia dos veículos controladores da mídia no Brasil.

É bem verdade que devemos esse cochilo ao governo brasileiro, atual alvo de preocupação das poderosas empresas de comunicação que perseguem o fantasma do controle da mídia. Empenhados nessa inócua tarefa, os verdadeiros controladores da mídia no Brasil esquecem que as agências de planejamento representam para o modelo da propaganda brasileira o mesmo "risco" que as agências de mídia. Mas como não há risco algum em nenhuma das iniciativas e as agências de mídia só são vetadas no sistema brasileiro para que a hegemonia dos meios se perpetue, deixam os "meninos do planejamento" montarem suas estruturas.

As agências full service não dão mais conta do recado. São gigantescos birôs de mídia travestidos de outros serviços e que agora não contam mais com a excelência do planejamento, cansado de ser coadjuvante em um cenário em que, verdadeiramente, só se pensa em mídia e incentivos. BVs, para os iniciados.

Se de fato conseguirem aproveitar o sono do gigante e prosperarem em seu objetivo de conferir aos anunciantes brasileiros um planejamento de qualidade desvinculado das estruturas de mídia em que se transformaram as chamadas agências convencionais, o mercado brasileiro da propaganda terá dado um grande passo para romper o preconceito.

Diante dessa perspectiva, é estimulante prever que a proibição de funcionamento de birôs de mídia no Brasil provoca um fenômeno na contramão da história, mas de impacto similar: serviços como o planejamento e a criação tendem a migrar para estruturas autônomas e independentes, transformando as atuais estruturas em agências exclusivamente de mídia.

É a decadência do modelo brasileiro de propaganda. Ainda bem!

Propaganda não faz mal a ninguém

Todo estudante de propaganda é questionado, de maneira impiedosa, sobre os malefícios de sua profissão, principalmente com relação às crianças. Recentemente uma organização não governamental editou uma publicação com o título "Por que a publicidade faz mal para as crianças". O livreto, de 63 páginas, é um amontoado de afirmações descoladas da realidade sobre os seguintes temas:

Transtornos alimentares: "As mensagens contraditórias da publicidade contribuem para o desequilíbrio do metabolismo infantil e da estrutura emocional da criança". Sobre os transtornos de comportamento a publicação afirma: "A publicidade convence a criança de que é mais importante ter do que ser".

Sobre o estresse familiar o livro arrisca: "Com a falsa ideia de famílias sempre perfeitas, a publicidade gera desarmonia na relação familiar" e, ainda, "Ao estabelecer objetivos inalcançáveis, a publicidade gera apatia e depressão". Ou "No vale-tudo para vender, a publicidade enfraquece a autoridade dos pais ou responsáveis".

Mas o melhor ficou reservado para o final do livro, sobre violência e delinquência:

"Ao seduzir quem não pode comprar, a publicidade favorece a delinquência", "Para vender cada vez mais, a publicidade transforma desejos em necessidades" e "A manobra publicitária menospreza a competência dos pais em educar os filhos".

Quais as intenções de quem se dedica a esse tipo de denúncia? As piores. Desconhecem, deliberadamente, o esforço da atividade publicitária em estabelecer regras claras para uma atividade ética e responsável. Ignoram o Código de Ética dos Profissionais de Propaganda, criado em 1957. Desprezam o Código Brasileiro de Autorregulamentação Publicitária e o Conselho Nacional de Autorregulamentação Publicitária e desrespeitam os mais de 200 mil alunos de propaganda regularmente matriculados em cursos superiores no Brasil.

Insistem em considerar que os profissionais de propaganda, em atividade ou em formação, fazem parte do que mais desprezível pode existir em uma sociedade, pois teriam compromisso com os resultados de seus clientes e não com o cidadão. Alardeiam que os anunciantes promovem a utilização dos piores recursos de manipulação para fazer valer suas vontades diante de um consumidor indefeso.

Cabe, aos profissionais e estudantes de propaganda, rechaçar esse tipo mesquinho de argumentação que está a serviço dos que defendem o controle da informação e o cerceamento das liberdades através da proibição, sem critérios, de tudo que envolve as crianças na propaganda brasileira. É importante considerar que o movimento contra as liberdades começa com a criança na propaganda e termina na censura a todos os conteúdos inclusive os adultos, que contrariam determinados interesses.

Travestidos de paladinos da sociedade, os defensores da proibição recheiam suas argumentações com estudos sobre o comportamento infantil e manipulam as informações de maneira grosseira e antiética a fim de combater a propaganda e os profissionais de propaganda. Não podemos admitir esse tipo de ardil. A propaganda há muito está mobilizada para impedir que esse tipo de picaretagem perturbe nossa atividade profissional.

Os estudantes de publicidade devem estar preparados para combater, com veemência, toda e qualquer tentativa de constrangimento daqueles que miram a propaganda para atingir outros objetivos, tais como o controle sobre a sociedade, suas liberdades e o acesso às informações.

A enganosa ideia da propaganda enganosa

Nós, publicitários, somos alvos fáceis. Todos comentam sobre as coisas da propaganda sem conhecimento e sem vergonha alguma. Nessas ocasiões nos limitamos a rir e considerar que tudo não passa de consequência da nossa notoriedade.

Não há nada mais enganoso do que a aplicação da justiça, exercida em diferentes instâncias pelos formados em direito, ou do que a eficiência da medicina, exercida pelos bacharéis de jaleco branco. No entanto, não ouço falar em direito enganoso ou medicina enganosa, mas ouço, cada vez mais, a expressão propaganda enganosa. E o que isso significa?

Nada, visto que se trata de uma inverdade. Existe consumidor enganado. Aos montes, diga-se de passagem. Os consumidores se enganam quando não entendem a mensagem publicitária, se enganam quando não prestam atenção nas regras das promoções, se enganam quando absorvem a metade (se tanto) dos anúncios a que são expostos.

Mas o despreparo do consumidor é responsabilidade da propaganda, pelo menos aos olhos daqueles que são contra a publicidade, então se transfere a enganação para a propaganda e absolve-se o consumidor do mau entendimento.

Isso não significa que todas as publicidades a que estamos expostos sejam de qualidade irrefutável, pelo contrário. Assim como advogados e médicos medíocres e incompetentes, também existem publicitários despreparados para o exercício profissional. A má propaganda atinge a sociedade como a má medicina e o mau direito.

Mas nós, profissionais de propaganda, temos que evitar a disseminação da ideia de que a propaganda enganosa é um tipo de propaganda. Não conheço nenhum publicitário que pratique a enganação como atributo de seu trabalho. Em anos de atividade profissional, nunca presenciei um anunciante disposto a enganar alguém. Tanto publicitários como marqueteiros com os quais tive oportunidade de compartilhar experiências profissionais mantiveram, sempre, postura ética exemplar.

No entanto, o conceito da propaganda enganosa está pulverizado pela sociedade, que utiliza a expressão sem conferir seu real significado. Isso é uma agressão a nossa atividade profissional, não devemos sequer admitir ouvir isso sem nos manifestarmos contrariamente de forma categórica.

A repetição de que se pratica uma propaganda enganosa provoca a pré-conceituação da publicidade e colabora com a ideia de que nossa atividade profissional é nociva à construção de uma sociedade mais justa.

Minhas primeiras demissões

Ser demitido não é uma coisa agradável e provoca aquele misto de "Vou encarar numa boa e partir para outra" e "Meu Deus do céu! O que eu faço agora?". Minha saída da Young & Rubicam, apesar da demissão, foi muito tranquila e todo o meu empenho de quatro anos foi reconhecido na forma de remuneração. O que, posso afirmar, foi muito bom.

Comecei a contatar o mercado e não demorou muito para que eu estivesse diante de Waltely Longo, presidente da Ammirati Puris Lintas, por intermédio de Sulce Neide Lima, uma profissional de atendimento com quem trabalhei na Y&R.

O Waltely Longo é um homem grande, pra lá de 1,80 metro, de uma inteligência avassaladora e uma carreira brilhante. Trabalhou na histórica MPM e foi um dos promotores da fusão entre a agência, na época a maior do Brasil, com a multinacional Lintas, formando a MPM Lintas. Foi presidente da Lintas no Chile e retornou ao Brasil para reestruturar a operação. Nesse processo foi impossível não contratar alguns profissionais da Young & Rubicam, entre eles Sulce Neide Lima, Manoel Mauger, Ulisses Zamboni, Fernanda Cilento e Rosa Moyses, portanto eu era bem recomendado.

Estive na Lintas entre 1998 e 2000 e, mais uma vez, participei do processo de crescimento da agência, com a conquista de muitas contas. Entre os trabalhos destaco o projeto para o desodorante Impulse, da Unilever, que envolveu um concurso com jovens estilistas e um desfile de modelos iniciantes com o objetivo de rejuvenescer a marca.

No início de 2000, já sem o Waltely Longo no comando, fui chamado pelo meu querido Manoel Mauger, o Mané, para quem os covardes no comando da agência designaram a tarefa de me demitir. O Mané cumpriu o seu dever com muita elegância e eu, mais uma vez, me vi na situação de desempregado.

Demitidos do Twitter

Consta que dois jornalistas da *Folha de S. Paulo* foram demitidos da redação por terem feito críticas à cobertura do jornal quando da morte do vice-presidente José Alencar (1931-2011), através de seus respectivos twitters.

Não consigo perceber o que poderia ter gerado a crítica dos jornalistas, visto que coberturas de enterros não se caracterizam por motivar grandes arroubos jornalísticos, quando muito, a trajetória de vida do falecido, seus feitos e realizações e algumas frases sobre a repercussão do fato.

Lamento o motivo e não as demissões, afinal adoraria ler que o prestigiado jornal desligou seus profissionais por escreverem besteiras, mesmo que com essa decisão se arriscasse a ficar com sua redação vazia, tamanho o número de asneiras produzidas diariamente pelos periódicos brasileiros.

Restou aos dois jornalistas a porta da rua por causa da crítica pública que fizeram ao seu empregador e, cá entre nós, o motivo é pouco nobre, mas absolutamente justo. E mais: demonstra o despreparo desse circo de focas em que se transformaram as redações da meia dúzia de grandes jornais nacionais.

Para os não iniciados, foca é o nome que se dá aos jornalistas em início de carreira. Não sei o porquê, mas arriscaria afirmar que deve ser por causa da felicidade do animal motivada por uma singela sardinha ou bolinhas coloridas.

Sardinhas e bolinhas são prêmios merecidos para os que povoam o jornalismo tupiniquim, incapaz de produzir uma opinião embasada ou uma profunda apuração dos fatos. Não raramente vemos pautas transformadas em manchetes, manchetes travestidas de denúncias e aspas com poder de confissões.

O Twitter, seja lá o que significa isso, é uma forma de comunicação primária inserida em um universo de alta tecnologia. Algo comparável ao fogão a lenha em uma moderna cozinha. Faz a mesma comida, mas todos insistem em decifrar um sabor diferente. Escrever com 140 caracteres está mais para limitação intelectual do que para poder de síntese. Se propor a seguir (sic) alguém e ler os seus 140 caracteres é, no mínimo, pobreza de espírito. Gostaria de saber o que leva alguém a "seguir" uma empresa de pasta de dentes e o que motiva a empresa de pasta de dentes a considerar a possibilidade de ser "seguida" por alguém.

Desde o advento do Twitter nada ocorreu de relevante provocado pela ferramenta. O máximo que é divulgado são números, que, convenhamos, não significam nada. Fulano de tal é seguido por tantas pessoas, a mensagem tal ficou nos *top trends* da semana. Essa história de *top trends* me lembra o ditado sobre pretensão e água benta – todo mundo tem o que quer.

Os ex-funcionários do jornal *Folha de S. Paulo* se queimaram no fogão a lenha pelo simples fato de não saberem cozinhar. Duvido que queiram aprender e aposto que continuarão se queimando, encantados pela forma e não pelo conteúdo. É o que ocorre com diversos estudantes de publicidade diante das novas tecnologias.

Minha energia no varejo

Mais uma vez desempregado, surgiram duas oportunidades. Meu estimado companheiro de APP, Ricardo Ramos, sócio da Grottera, me recomendou ao Luis Grottera, um dos mais relevantes profissionais de planejamento do mercado brasileiro, e o Waltely Longo, já no comando da Young & Rubicam, me recomendou para o Manuk Masseredjian, gerente-geral da Energia, Young & Rubicam, uma agência do Grupo Y&R especializada em comunicação de varejo.

A possibilidade de voltar para a Young antecipou a minha decisão e lá estava eu, novamente, no prédio da Av. Faria Lima de tantas boas recordações. Era uma outra Y&R, sem Christina Carvalho Pinto, Antônio Fadiga ou Amador Bueno de Camargo, mas, de certa forma, eu me sentia em casa.

O Manuk Masseredjian, hoje executivo do Grupo ABC, é um dos melhores gestores com quem trabalhei. Um sábio com foco no negócio. Foi, definitivamente, quem estabeleceu para mim a distinção entre o produto e o negócio, e isso foi fundamental dali para a frente.

O fato é que no começo da carreira todos nós somos estimulados a valorizar o produto, como se o negócio fosse somente a consequência. Mas em um mundo comoditizado, em que as informações são compartilhadas e todos têm acesso a tudo, saber fazer negócios sem abrir mão da qualidade do produto é uma arte.

Na Energia, Y&R fizemos muitos negócios e foi onde eu retomei uma interrompida carreira internacional. Novamente, mérito do Manuk Masseredjian. Atendíamos a conta do Walmart, o maior varejo do mundo, e isso demandava constante atualização nas feiras de varejo em Nova York e Chicago, além das reuniões internacionais de marketing da companhia em San Diego. Mais uma vez, eu recomendo agarrar essas oportunidades com todas as forças, sem constrangimentos relativos à língua ou incômodos pelos percalços naturais de uma viagem internacional.

Permaneci na Energia por três anos, até 2003. Destaco o acordo feito entre a Rede Globo e o Walmart, que me valeu um prêmio de fornecedor de marketing do hipermercado, bem como a conquista de contas como Le Postiche, Babylandia, C&C, Transbrasil, El Foco, VideoKê, entre outras. Foi na Energia que me tornei presidente de uma agência multinacional. Nada mal para um bom contato todos os dias.

O negócio da propaganda

Fazer negócios é uma atividade tão publicitária quanto criar um anúncio. Precisamos incrementar os talentos para os negócios na propaganda brasileira.

As faculdades brasileiras de publicidade são as grandes responsáveis pela formação do profissional de propaganda. Por isso as conquistas da nossa atividade profissional são também conquistas dos mais de 300 cursos superiores de propaganda existentes no Brasil.

Com mais ou menos história, mais ou menos tradição, mais ou menos egressos de sucesso, esses cursos debatem o futuro da atividade e formam o profissional que atuará pelos próximos vinte ou trinta anos na propaganda. É muita responsabilidade.

Em resumida análise nos conteúdos programáticos dessas escolas, percebemos alguns traços em comum, independente da região do Brasil onde estão localizadas, e as semelhanças se dão no que é proposto e no que não é proposto como pauta de estudo. No índice de carências, identificamos que o jovem profissional de propaganda não encara a atividade como um negócio.

Não estou falando de empreendedorismo ou inovação. Essas duas disciplinas, de difícil definição, estão presentes na grande maioria das cargas horárias. Refiro-me a uma prática mais comum e convencional. O egresso do curso de propaganda, no Brasil ou em qualquer lugar do mundo, precisa de uma visão ampla sobre o negócio em que está inserido. De forma geral os novos profissionais foram expostos ao produto da propaganda e não ao negócio da propaganda.

Os conteúdos programáticos das escolas de propaganda contemplam as pesquisas (produto), o planejamento (produto), os planos de mídia (produto), a criação (produto), a produção (produto) e a avaliação de resultados (produto).

Os Trabalhos de Conclusão de Curso – TCCs – avaliam a capacidade de criação e adequação dos produtos criados pelos alunos para clientes reais em situações reais, mas não levam em conta o impacto da propaganda no negócio do anunciante, nem a viabilidade das propostas para o negócio da agência.

Não encontro entre as muitas matérias relacionadas nos cursos de propaganda uma disciplina que explicitamente aborde o negócio da propaganda. Isso é uma falha e tem como consequência gerações de profissionais de propaganda mais envolvidos na excelência dos produtos que nos resultados do negócio da propaganda.

Antes que os críticos de plantão me lembrem que, mesmo assim, temos uma atividade dinâmica, com veículos, agências e fornecedores envolvidos com uma economia que equivale a 1% do PIB nacional, argumento que os grandes movimentos de nosso segmento se dão através de profissionais de propaganda com perfil administrativo e gerencial, que muitas vezes não são considerados publicitários, ou através de executivos financeiros ligados a grupos de investimento nacionais ou internacionais.

Fazer negócios na propaganda é uma atividade tão lícita e tão publicitária quanto criar um anúncio ou fazer um planejamento de mídia, por isso a importância que deve ser conferida a essa área do conhecimento. Quanto mais publicitários souberem fazer negócios, melhor será a propaganda brasileira.

Como se ganha dinheiro em propaganda

Sinceramente, não acredito que alguém ingresse em um curso superior sem a perspectiva de se formar e exercer a profissão que escolheu. Creio que todos nós, ao entrarmos em uma faculdade, desejamos o sucesso profissional na carreira. Entenda-se sucesso profissional como reconhecimento e remuneração.

Também aposto no fato de que, em todas as carreiras profissionais, há uma dúvida sobre as formas pelas quais se conquista o reconhecimento e a tão esperada remuneração. Algumas atividades fazem parte do dia a dia da mídia e sobre seus profissionais sabemos os feitos e os efeitos desses feitos.

Propaganda é uma dessas atividades com grande presença na mídia. Os jornais brasileiros possuem seções sobre propaganda e marketing; o mesmo ocorre com as revistas; existem programas de rádio e televisão falando sobre o tema; e hoje há uma profusão de sites que contam o movimento do mercado publicitário.

Como tudo isso está ao nosso alcance, é fácil perceber aqueles que se destacam na profissão e por que se destacam. Não há como se enganar sobre a competência criativa ou gerencial de expoentes da profissão. Sobre eles sabemos muito. Suas empresas, as contas conquistadas, as estratégias de comunicação, suas contratações e até mesmo seus casamentos. Sabemos também, ou estimamos, seus rendimentos. Sim, porque uma foto aérea de uma propriedade ou a exuberante decoração da sala de estar de um de seus imóveis nos dá a noção de seus rendimentos. Mas como eles ganharam dinheiro?

Uma coisa é saber o dinheiro que um indivíduo possui, outra é saber como ele ganha esse dinheiro. Nas profissões liberais (médicos, advogados, arquitetos, entre outros), sabemos que quanto mais serviços contratados e melhores execuções, mais rendimentos. Em atividades típicas de grandes empresas (engenheiros, jornalistas, administradores, entre outros), sabemos que o sucesso pessoal está ligado ao sucesso empresarial e, aí, construtoras, empresas jornalísticas e bancos fazem o sucesso de seus funcionários.

Pensando bem, somos um misto de liberais e empregados. Somos liberais no sentido de não fazermos carreira em um único lugar e também pelo fato de que um bom trabalho, com bons resultados, é motivo para sermos convidados a mudar de empresa com uma facilidade espantosa, tanto para quem faz a proposta quanto para nós, que a aceitamos. O resultado exuberante nos números de um banco não provoca imediatamente o desejo do concorrente em contratar seu diretor-presidente. Pois bem, um resultado exuberante fruto de uma campanha publicitária provoca imediatamente o desejo da agência concorrente em ter aquele talento em seu quadro de prestadores de serviços. Essa é a aposta nos talentos e isso significa remuneração. A transferência de emprego aumenta os ganhos. Mas só há transferência se houver visibilidade.

Os profissionais de propaganda têm que ser vistos como parte integrante de determinados trabalhos, e aí o sistema funciona da seguinte maneira: como todo trabalho nessa área é feito em equipe, as equipes têm chefes que possuem visibilidade no mercado e por isso se transferem de emprego com muita facilidade. Ao se transferirem admitem, por ser verdade, que não fizeram os trabalhos sozinhos e que, para reproduzir toda aquela capacidade produtiva, precisam de membros da antiga equipe, ou seja, precisam de você.

Depois de uma ou duas transferências, você não precisa mais daquele chefe exclusivamente e pode contar com outros que viram e admiram seu trabalho, principalmente os anunciantes, seus clientes. É tão simples quanto isso. E, melhor, só depende de você. O mais difícil nesse processo todo é você entendê-lo e acreditar que ele funciona. Já convivi com profissionais maravilhosos, com uma capacidade de produção incrível, que não entendem o funcionamento do sistema e padecem no ostracismo profissional. Outros nem tão maravilhosos assim, por entenderem perfeitamente o funcionamento das coisas, progridem na carreira, com reconhecimento e remuneração.

Mas preciso voltar ao tema e resgatar a proposta original de explicar como se ganha dinheiro na propaganda. Como em quase todas as carreiras, é através dos resultados. A propaganda é prestadora de serviços para terceiros, ou seja, o sucesso dos terceiros é o seu sucesso e, para tanto, somos remunerados. Quanto melhores os resultados de comunicação, mais investimento em propaganda, quanto mais investimento em propaganda, melhor a remuneração para os publicitários. É um círculo vicioso e virtuoso.

Na prática, a propaganda brasileira está alicerçada em um modelo de remuneração que privilegia a utilização dos veículos de comunicação. Ao comprar espaço publicitário, as agências estão intermediando uma transação comercial. Por serem especializadas nesse tipo de compra, fazem-na com muita qualidade técnica e apuro negocial. Por isso são remuneradas.

A fatura do veículo que cobra o espaço comercial comprado pelo anunciante traz um desconto-padrão, ou seja, dos 100 dinheiros que o anúncio custou, o veículo cobra 80 dinheiros. Essa diferença de 20 dinheiros é a parte que o anunciante paga para a agência.

Há um erro recorrente no mercado em acreditar que a remuneração da agência é feita pelo veículo. Isso não é verdade. Quem contrata a agência é o anunciante, então, quem paga a agência é o anunciante. Existem diversas formas de isso ocorrer, mas, independente da forma, os veículos sempre respeitarão o desconto-padrão como sendo uma margem para remuneração da agência, que, em suma, intermediou a venda do seu espaço publicitário.

Agências campeãs em compra de espaço publicitário são agências campeãs em faturamento, por isso o mercado disputa com muita veemência contas publicitárias com grande capacidade de comprar os espaços publicitários, como, por exemplo, as contas de varejo. Como comprar espaços significa produzir propaganda, pela produção as agências também são remuneradas com percentual de participação, nesse caso, 15% ou 15 dinheiros.

Há alguns anos foram divulgados os resultados de uma pesquisa com 278 anunciantes e 80 profissionais de propaganda realizada pela empresa espanhola Grupo Consultores com o nome de "Estudo de imagem das agências de publicidade brasileiras". Um dos itens pesquisados foi sobre critérios para seleção de agências pelos anunciantes – e eu acredito que a realidade não mudou:

- Agência não trabalha para conta do mesmo setor – 75%
- Criatividade – 65%
- Transparência na remuneração – 65%
- Profissionais – 50%
- Planejamento estratégico – 42%
- Experiência/trabalhos realizados – 40%
- Planejamento e compra de mídia – 40%
- Custos dos serviços – 38%
- Oferta de serviços integrados – 28%
- Decisão internacional – 18%
- Relações anteriores à seleção – 12%
- Tamanho/estrutura da agência – 10%
- Rede internacional – 10%
- Relações anteriores – 8%
- Prêmios conquistados

Esses resultados são surpreendentes. Não devemos discutir resultados de pesquisas. De nenhuma delas. Elas refletem o que acontece na realidade ou o que os pesquisados gostam que pareça realidade. É o que se chama de "pensamento desejoso". Parece que os anunciantes brasileiros, em consenso, exerceram forte influência sobre os resultados da pesquisa com seus "pensamentos desejosos". Desde quando os "trabalhos realizados", "compra de mídia", "custos dos serviços", "oferta de serviços integrados", "tamanho da agência" e "relações anteriores" ocupam tão insignificante participação na decisão sobre o destino de uma conta publicitária, se são esses os temas recorrentes em todas as reuniões de prospect, o nome em inglês que denomina o processo de concorrência entre agências para a conquista de uma conta publicitária?

As credenciais de uma agência são apresentadas através dos trabalhos realizados, esse é o cartão de visitas. A compra de mídia é o maior investimento de um anunciante. Como pode significar 40% de sua decisão, atrás de aspectos subjetivos? Os custos dos serviços são constantemente questionados e negociados pelo anunciante e representaram singelos 38% na ordem de importância oferecida pelos entrevistados? Outro critério que chama a atenção é a oferta de serviços integrados. Essa tem sido uma demanda dos clientes que procuram cada vez mais agências que tenham condições de integrar as ferramentas de comunicação e representou 28% dos critérios para seleção de agência?

A propaganda brasileira ainda está calçada na relação do trinômio agência, veículo e anunciante como modelo de remuneração. As novas exigências, principalmente dos anunciantes, contribuíram para o surgimento de agências especializadas em áreas da comunicação que não têm condições de se remunerar através do desconto-padrão.

Agências de promoção, marketing direto, design, internet e tantas outras desenvolvem seus negócios fora dos padrões de remuneração das agências de propaganda. Isso pode ocorrer na forma de valores fixos mensais, participação em resultados, horas trabalhadas ou qualquer outro modelo que a imaginação inventar. O importante é sempre pensarmos que, independente do formato de remuneração, publicitários são prestadores de serviços e recebem pelos serviços prestados. Mesmo quando somos empregados de grandes empresas anunciantes, dentro de suas estruturas seremos tratados como prestadores de serviços de comunicação e, como tais, avaliados, reconhecidos e remunerados.

Medalha, medalha, medalha

Muitas vezes ouvi críticas sobre o número de premiações do mercado publicitário. Para ser sincero, não entendo essa postura. Não vejo mal nos prêmios, pelo contrário. Os prêmios representam uma constante autocrítica que não percebo em outras profissões.

Somos avaliados quando submetemos nossos trabalhos ao julgamento de colegas, que classificam nossos anúncios em melhores ou piores. Não é verdade que criamos anúncios para ganhar prêmios. Criamos anúncios porque somos remunerados para isso, e, se eles ganham prêmios, isso é consequência, não causa do nosso trabalho.

"Anúncio bom é o que vende", dizem. Nem sempre. Anúncio bom é o que vende, informa, é bonito, correto, ético e ganha prêmios. Anúncio é o trunfo de nossa profissão, a razão do nosso trabalho, e é muito simples reduzi-lo a um único aspecto. A venda é importante também. O prêmio é importante também. E mais, o prêmio é um momento mágico para quem o recebe, para o anunciante que pagou pelo trabalho, para o mercado de uma maneira geral, que agrega mais um trabalho como referência. Um trabalho premiado é uma referência.

Cabe aqui contar sobre os tão falados anúncios fantasmas. Essa é uma denominação curiosa. Anúncios não são fantasmas. Existem, foram pensados, estudados, produzidos (mesmo que em layout). Houve pesquisa.

Quero me aprofundar nesse ponto da pesquisa, mas antes preciso informar que denominamos de anúncios fantasmas aqueles que foram criados (por isso existem), mas não foram veiculados (e mesmo assim continuam existindo).

Quando criamos anúncios estamos fazendo pesquisa. Estamos pesquisando linguagem, formatos, direção de arte, elaboração de um texto. Mesmo que o anúncio não seja veiculado, todo esse trabalho não foi em vão, será usado em momento oportuno. Como no mercado da moda, os anúncios que não foram veiculados são as roupas usadas em desfile. Não vemos esses modelos nas ruas, mas sabemos que eles são resultados de pesquisa. Cor, corte, texturas etc. Não há problemas éticos em inscrever uma peça que não foi veiculada em um festival de propaganda, desde que isso seja permitido e não seja omitido da organização do evento.

O problema está em uma exigência da grande maioria dos festivais, que aceitam na disputa pelos prêmios somente anúncio comprovadamente veiculado. Um erro dos festivais. E é por isso que existem os anúncios fantasmas. Eles foram efetivamente criados, mas a fim de participar de competições seus responsáveis procuram a todo custo um meio para veiculá-los.

Sem mídia específica e muitas vezes sem o conhecimento do anunciante, as agências programam os anúncios só para conquistarem o direito à disputa dos prêmios. Aí está o motivo do pensamento de que muitos de nós gostamos muito mais do prêmio do que dos resultados dos anúncios.

Gostaria muito de liderar um movimento para a aceitação de anúncios não veiculados nas competições oficiais do mercado publicitário, no Brasil e no mundo. Isso representa valorização do trabalho de pesquisa, tão importante para a evolução da nossa profissão.

Luz, câmera e veiculação

Em 2003 o Grupo Y&R sofria uma de suas constantes reformulações, que no Brasil culminaram com a sociedade com o publicitário Roberto Justus – e mais uma vez fiz um acordo para o meu desligamento.
Dessa vez decidi mudar os rumos da minha vida. Alguns anos atrás o Luiz Gonzaga Assis de Luca atuava no Grupo Severiano Ribeiro, o maior exibidor de cinema brasileiro, que estava prestes a abrir seu primeiro Kinoplex em São Paulo. Em minhas idas profissionais ao Rio de Janeiro, sempre encontrávamos espaço para uma conversa acompanhados do saudoso Kiko, o Francisco Severiano Ribeiro, sócio da empresa.

Nesses papos comecei a amadurecer a ideia de voltar a ser veículo, através do Grupo Severiano Ribeiro, ou seja, encarar o desafio de transformar cinema em veículo publicitário. A oportunidade surgiu com a inauguração da primeira sala paulistana da empresa carioca, que há mais de 95 anos atua no segmento de exibição cinematográfica.

De certa forma eu voltaria a atuar com o Gonzaga e voltaria ao cinema. Tudo sob as bênçãos da família Severiano Ribeiro.

Assumi a Promocine, marca do grupo responsável pela comercialização dos espaços publicitários e promocionais das salas de cinema da empresa. A Promocine não era mais uma empresa, e sim um nome no mercado que havia participado da história do cinema como veículo da propaganda.

Montei uma estrutura comercial em São Paulo junto com Walderez Scaramella Galvão de França, uma amiga e fiel colaboradora que, com idas e vindas, me acompanha desde a Scritta Editorial, e com Karina Domingues, um talento no pensamento estratégico, mas, acima de tudo, dotada de um grande carisma, com quem trabalhei na Energia, Y&R. A Promocine passou por diversas mudanças. Creio que a experiência de dirigir uma operação do Grupo Y&R fez com que eu desenvolvesse a habilidade de fazer o negócio sobreviver sem teimar (a palavra é essa mesma) sobre os meus desejos pessoais.

Em 2006, observando o processo acelerado de digitalização das salas, renovei o contrato com o Grupo Severiano Ribeiro, agora contando com a colaboração de uma nova composição acionária capaz de fazer os investimentos necessários. O mesmo ocorreu em 2010.

Nesse período destaco o projeto iG no Cinema, que transmitia notícias em tempo real antes do início das sessões graças à tecnologia digital. Com esse projeto eu ganhei o Prêmio MaxiMídia de melhor uso da mídia cinema em 2004. Em 2007 eu recebi novamente o prêmio, com o projeto para o produto Vanish que colocou luz negra nas salas de projeção para ressaltar as roupas brancas da plateia. As transmissões ao vivo de óperas, balés e eventos esportivos em salas de cinema também me deram grande satisfação e orgulho profissional.

Midiazinha de uma nota só

Passei anos da minha vida tentando convencer profissionais "badalados" de mídia – o último filme a que eles assistiram no cinema deve ter sido o engraçadinho *Se meu Fusca falasse* (*The love bug* – 1968) – de que cinema é entretenimento para todas as classes, para todas as idades e para todos os gostos, inclusive para os consumidores dos produtos sob sua responsabilidade.

Nesse período apresentei inúmeras simulações que comprovam o óbvio: cinemas em shoppings populares são frequentados por pessoas de baixa renda, na mesma proporção que as pessoas de alta renda frequentam os shoppings elitizados.

Insisti no fato de o cinema ser uma atividade controlada. Que os números de audiência não são simulações restritas a um punhado de cidades que não preenchem duas mãos. Que as 2.600 salas de exibição são auditadas diariamente e que o espectador não é um avatar, como na aferição da televisão. Ele existe, é de carne e osso. E compra.

Formulei teses sobre o aspecto presencial da sala de cinema. Sobre o fato de as pessoas saírem de casa para a atividade e estarem fisicamente em um ambiente controlado, portanto passíveis às abordagens pertinentes de marcas, produtos e serviços.

Apresentei os investimentos do meio cinema em tecnologia, no crescimento do número de salas, no conforto dessas salas, no incremento do 3D e os números da resposta do público (consumidores, lembra?), com aumento constante no faturamento há, pelo menos, três anos.

Orientei todos os que procuraram investir no meio a se libertarem dos conceitos preconcebidos, das ideias ultrapassadas e da tutela ao consumidor. Pois afirmo que não conheço nenhum profissional de mídia no Brasil em condições técnicas ou que tenha informação suficiente para desenvolver um bom planejamento de mídia para o meio cinema. O pior é que também não conheço quem queira aprender.

O festejado parque de produção brasileiro foi incapaz de desenvolver um projeto consistente de incentivo ao anúncio publicitário em 3D nos cinemas, mesmo sabendo do interesse do público pela tecnologia que lota as salas de exibição.

Nem a presença semanal nos jornais sensibiliza os vaidosos profissionais de propaganda, figurinhas carimbadas da mídia por qualquer bobagem (decoração da sala de estar, aniversário de filho ou uma passada por NY) a aderirem ao cinema como a melhor vitrine para os seus anúncios, que, convenhamos, custam os olhos da cara para os clientes e ficam no ar, na televisão, quando muito, por duas semanas.

As agências continuam na "midiazinha de uma nota só", incapazes de identificar as mudanças no comportamento do consumidor. Os anunciantes insistem em investimentos vultosos, de alto risco, com controles pífios e resultados duvidosos.

Quem são os caras

Publicitários se conhecem. Isso é uma verdade. Conhecemo-nos, se não pessoalmente, temos referências uns dos outros. Sabemos sobre os empregos, os sucessos, os prêmios e temos amigos em comum. O que, no nosso caso, já é quase uma amizade de infância. É incrível nossa capacidade de associar pessoas e fatos. Fazemos parte de uma grande comunidade, em que sempre teremos algo em comum. Ou quase sempre.

Ainda atuo como professor e, nessa condição, tenho a preocupação em falar para os meus alunos que, caso conheçam alguém verdadeiramente relevante na profissão, não precisam perder tempo perguntando se esse relevante alguém me conhece, porque, possivelmente, a resposta será não. Faço isso para não frustrar um hábito da nossa profissão, que é considerar que todo mundo sabe quem é todo mundo.

O fato de nos conhecermos ou estabelecermos associações que facilitam as relações não significa amizades fraternas de longa data. Significa que estamos atentos uns aos outros e, melhor, que admiramos determinados profissionais mais pelos seus feitos que pelos seus olhos.

Defendo que é importante que tenhamos referências profissionais. Eu tenho algumas. Por exemplo, nunca dividi uma sala ou um avião com Washington Olivetto e ele é minha grande referência profissional. Com ele concluí que somos contadores de histórias, com ele quis ser também um contador. O fato de nunca termos estado juntos não muda em nada minha relação de admiração e respeito por esse profissional. E hoje, muitos anos depois, ainda não tive a oportunidade de conversar com o

Washington pessoalmente. Também nutro uma grande admiração pelo Julio Ribeiro, profissional que me ensinou a pensar em planejamento de comunicação. Não o conheço e nunca estivemos juntos.

Outros personagens importantes na minha vida profissional eu conheci, convivi com eles e muito me orgulho disso. Defendo a ideia de que é importante montarmos uma network, uma rede de relacionamentos profissionais. Esses relacionamentos são estabelecidos nas salas de aula, entre os colegas. Ao seu lado pode estar sentado um parceiro profissional de muita qualidade.

Também não despreze o relacionamento com os professores. E nesse caso, por favor, não julgue pelas aparências. Muitos dos nossos mestres desfrutam de prestígio e amizade com muitos publicitários e, dessa forma, podem ajudar em um início de carreira.

Os palestrantes convidados das faculdades também podem ser uma forma de ampliação de seus conhecimentos profissionais. No final da apresentação esses profissionais têm por hábito divulgar seus endereços na internet – anote e no dia seguinte escreva. Faça considerações sobre o que você ouviu ou formule uma pergunta. Leia algumas vezes antes de enviar. Verifique se faz sentido a questão; não queime seu filme. O palestrante vai gostar desse retorno. Frequentar palestras também é uma maneira de se aprimorar profissionalmente e conhecer pessoas. Selecione áreas do seu interesse e assista a seminários. Além do mais, isso complementa seu currículo. Você tem um?

Por outro lado, quando iniciar sua tão sonhada carreira profissional, não esqueça que tem um monte de gente querendo conhecer sua história pessoal. Seja disponível para passar para a frente aquilo que você aprendeu. Ou seja, dê palestras, cursos e seminários. Receba as pessoas, atenda ao telefone. Vai ser cansativo, mas é assim que funciona.

E seu currículo? Está atualizado? Completo? É verdadeiro?

Em nossos currículos, mais importantes que o cargo que ocupamos são os clientes ou projetos dos quais participamos. O nome das marcas com as quais trabalhamos nos credencia. É uma referência, uma sinalização para o mercado. Muitos de nós começam em empresas pequenas. Nossas credenciais são para quem prestamos serviços. Participar de uma ação promocional na praia como supervisor da empresa de promoção X pode não ter valor nenhum. Ser supervisor da ação promocional da Johnson & Johnson é currículo.

Outro importante detalhe é a cultura do currículo curto. Sob o pretexto de que as pessoas leem cada vez menos, se faz currículos menores, que não retratam as experiências profissionais. Pois convoco todos para uma cruzada contra o currículo commodity, aquele que os consultores indicam, que estão à disposição nos sites, que não dizem nada. Currículo é a apresentação. Quem fez pouco tem currículo pequeno; quem fez muito tem currículo grande. Não há regras. Ou, se há, se elas nos são impostas, vamos romper com essa ditadura que trata diferentes como iguais.

Os currículos são diferentes porque nossas experiências são diferentes.

Ainda bem!

Os meus nãos

O bom cabrito não berra, tampouco se cala. Nesses últimos trinta anos de atividade profissional, muitas vezes eu disse não. Me recordo do primeiro. Ainda na Seven atendi a conta publicitária da Papelaria Excelsior, um grande atacado de material escolar e de escritório. O trabalho era muito extenso, portanto, além da campanha publicitária, havia tabloide de ofertas, sinalização da loja e até a compra de toldos para a fachada.

Foi com o fornecedor de toldos que tive minha primeira experiência com propina. O vendedor me ofereceu uma comissão sobre o valor dos toldos para que sua marca fosse a escolhida. Não aceitei e isso me proporcionou um prazer imenso, uma sensação de liberdade que exercito todas as vezes que me encontro em situação semelhante. Recomendo a todos que experimentem essa sensação. É muito bom.

Mas também disse não para outras coisas. Ainda na Seven, disse não para o Lemos Brito, na época um ícone para mim, que queria, a todo custo, que eu fosse trabalhar com ele. Fiquei muito orgulhoso, mas o momento não era aquele, por isso disse não.

Certa vez fui procurado pelo Paulo Novis, publicitário carioca com passagens pela Mesbla (grande varejo brasileiro) e pela agência Contemporânea. Tive a honra de colaborar com o Paulo Novis na Young & Rubicam Rio e fiquei impressionado com sua capacidade de produção e de motivação da equipe. O Paulo Novis foi o responsável pela estruturação da Rádio CBN e nesse processo, generosamente, me sondou para a função de diretor de mercado em 1998. Eu estava na

Young & Rubicam e fiquei tentado pelo convite, no entanto, quando fui me desligar da Y&R recebi uma proposta para continuar muito vantajosa financeiramente e disse não para as Organizações Globo, mesmo depois de ter almoçado com o João Roberto Marinho, filho do Roberto Marinho, e em princípio tratado das minhas novas funções. Creio que o Paulo Novis, por quem tenho muita consideração, ficou magoado, não por causa da negativa, mas por causa do adiantado processo de contratação. Nesses casos nós, profissionais empregados, somos condenados por fazermos leilão. Essa é a expressão, com conotação pejorativa, com que os empregadores tratam os executivos em fase de contratação ou já contratados que optam pelo lugar que oferece melhores condições financeiras. Uma bobagem. Não hesite em optar pelo emprego que lhe pague mais. Não caia na ladainha da "crença em projetos", porque isso não paga a conta dos bons restaurantes, das viagens internacionais ou dos modelos de carro do ano vigente. A boa remuneração acompanhada de um projeto sólido e ético será sempre a melhor opção.

Muito recentemente recebi um convite da EBC, Empresa Brasileira de Comunicação, responsável pela comunicação pública no país. Através do jornalista Eduardo Castro, diretor-geral da empresa, com passagens pelo Canal 21, a Voz da América em Washington, Rádio Bandeirantes e a TV de Moçambique, fui apresentado ao presidente da EBC, o jornalista Nelson Breve, com quem tive uma agradável conversa. O projeto da comunicação pública é fascinante e seria uma experiência muito interessante para a minha trajetória profissional, mas a diminuição de rendimentos me traria problemas com os quais eu não conseguiria desempenhar minhas funções de maneira plena. Melhor dizer não.

Houve muitos outros nãos para projetos e ideias. Não acredito nas propostas únicas, capazes de, através do seu ineditismo, mudar o rumo dos negócios. Duvido da pirotecnia fácil e não suporto as "invencionices". Inovar é conhecer, é ter referências, não é inventar.

Comer o ovo da galinha feliz

Ao saborear um ovo, em suas diferentes apresentações culinárias, passou por sua cabeça se a galinha, responsável pelo ovo, é uma galinha feliz? Sim, porque galinhas podem ser felizes. E você, mesmo que nunca antes tenha perdido seu precioso tempo para pensar no caso, irá concordar comigo que é muito melhor comer o ovo da galinha feliz.

Nos últimos anos, houve uma supervalorização das marcas que identificam produtos e seus diferenciais de qualidade, preço ou propostas subjetivas. O que parece ser igual é, na realidade, diferente aos olhos dos atentos consumidores. Por isso há um esforço de informação sobre as condições do processo de produção.

O cuidado com a matéria-prima, sua origem, as condições humanas daqueles que produzem os insumos. A localização das fábricas, as práticas de produção, o destino dos resíduos, a forma de transporte. O relacionamento comercial com fornecedores e clientes. O pós-venda, as centrais de atendimento. Enfim, tudo é importante. Além do produto, existe um universo de aspectos que hoje são levados em conta na hora da aquisição.

A propaganda torna-se facilmente mentirosa caso enalteça produtos que, sabidamente, em seu processo de produção ou distribuição, desrespeitem o que é aceitável como correto e responsável.

Algumas marcas pagam ou pagaram caro pelo descuido em seus processos produtivos. Até hoje a Nike se ressente do fato de utilizar trabalho infantil em sua linha de produção em países subdesenvolvidos da Ásia. Conheço muita gente que se nega a ter um produto da marca por causa desse deslize. Eu mesmo deixei de comer determinadas balas de café importadas depois que soube da denúncia de que eram produzidas por trabalhadores escravizados da África.

Considero esse um fenômeno do nosso tempo e com o qual os publicitários devem se preocupar. As contas publicitárias e os clientes, disputados com afinco e conquistados como troféus de competência, podem e devem ser olhados pelas agências como empresas capazes de cometer deslizes.

Há algum tempo esses deslizes eram considerados eventos esporádicos que não tinham relação com a comunicação, com o belo filme publicitário produzido com esmero ou com o anúncio de revista e sua modelo majestosa. Nada, ou aparentemente nada contaminava a criatividade da propaganda na apresentação dos argumentos necessários para seduzir o consumidor.

Os tempos são outros. O produto e as marcas estão inseridos em contextos em que a postura da empresa em relação a determinados temas é relevante para o consumidor. Aprendemos a observar as causas e os efeitos das nossas atitudes. Aprendemos a nos perceber como parte integrante de uma engrenagem em que as nossas decisões podem influir nos destinos da humanidade. Isso faz toda a diferença.

Os futuros profissionais de propaganda irão fazer propaganda para um outro tipo de consumidor. E, como corremos o risco de esse consumidor mudar antes que as escolas de propaganda percebam o fato, cabe um alerta sobre as campanhas publicitárias que vamos conceber e produzir: não tenho dúvidas de que serão melhores do que as que fizemos tempos atrás.

Nesse processo aconselho um cuidado especial para não confundirmos responsabilidade com conservadorismo. O fato de sermos responsáveis não cerceia a criatividade ou a imaginação, muito menos o humor com que podemos tratar as coisas. Esse tom terá de ser encontrado e entendido.

Nós somos provedores de soluções de comunicação e, como tais, cabe uma interferência mais contundente diante de algumas ideias fáceis que alguns anunciantes têm. Não dá mais para fazer anúncio sobre tudo sem ter uma postura crítica em relação a posições de gosto e resultado duvidosos.

Da próxima vez que você comer um ovo, entenda esse singelo ato como um alerta de muito significado e tente, sempre que possível, se assegurar de que é um ovo de uma galinha feliz.

O ensino da propaganda no Brasil

O Brasil possui 370 escolas de publicidade e propaganda. Elas fazem parte de Instituições de Ensino Superior (IES) públicas e privadas e estão distribuídas por 25 unidades federativas mais o Distrito Federal. Só o Acre não tem uma faculdade de publicidade e propaganda.

Essas IES reúnem 60 mil alunos matriculados e formam anualmente 11 mil publicitários, o suficiente para povoar com dois novos profissionais por ano cada um dos municípios brasileiros.

Há situações bem curiosas, por exemplo, em Minas Gerais existem 38 faculdades dedicadas a formar publicitários mineiros, 11 na capital, Belo Horizonte. No Rio Grande do Sul são 20 e somente 4 na capital gaúcha. Portanto, supõe-se que os interiores de Minas e do Rio Grande absorvem bem essa mão de obra.

Já em Santa Catarina existem 16 faculdades de publicidade e nenhuma está na capital, Florianópolis, enquanto as 10 IES do Ceará se encontram todas em Fortaleza. Somente o Piauí e Roraima possuem uma única faculdade, ou seja, estados como Amapá e Rondônia têm mais de uma instituição para a formação de publicitários. Em São Paulo são 135 faculdades, 82 delas no interior.

Creio que isso é motivo de orgulho para todos os profissionais de propaganda brasileiros. É muito bom saber que 60 mil jovens, nos melhores anos de suas vidas, decidiram estudar para exercer a profissão.

Em 2013 o Ministério da Educação divulgou as notas atribuídas às IES de publicidade e propaganda a partir da prova do Exame Nacional de Desempenho Escolar, ENADE, realizada pelos formandos em 2012. Esse exame ocorre a cada três anos e objetiva avaliar o grau de conhecimento dos futuros profissionais. As notas individuais compõem uma avaliação de 1 a 5 para a faculdade. Nenhuma escola da capital paulista ou carioca conseguiu a nota máxima. Ou seja, os dois supostos polos de produção da propaganda nacional não são centros de excelência na formação de publicitários. As mais tradicionais IES dedicadas há anos ao ensino da propaganda não conseguem mobilizar seus futuros egressos para realizar satisfatoriamente a difícil prova e, dessa forma, não macular a faculdade com notas que podem não representar totalmente a verdade, mas serão referências pelos próximos três anos.

Além dos eventuais boicotes de alguns alunos, fruto da prepotência de quem não admite submeter seus conhecimentos ao crivo estatal, há a curiosa iniciativa das universidades estaduais paulistas que, tão prepotentes quanto, se sentem imunes a qualquer tipo de avaliação.

Parabéns às IES que tiveram a nota máxima. Essas honraram os surpreendentes números regionais do ensino da propaganda no Brasil. São elas: Universidade de Brasília, Universidade Federal de Sergipe, Centro Universitário de Votuporanga (SP), Universidade Paulista de Araçatuba (SP), Universidade Paulista de São José dos Campos (SP), Universidade Regional do Noroeste do Estado do Rio Grande do Sul (Ijuí), Universidade Federal do Rio Grande do Norte, Universidade Federal de Minas Gerais, Universidade de Pernambuco, Universidade Federal do Rio Grande do Sul, Universidade Federal de Goiás, Centro Universitário de União da Vitória (PR), Centro Universitário da Grande Dourados (MS), Universidade Estadual do Piauí, Universidade do Estado de Minas Gerais (Frutal), Universidade Estadual do Centro-Oeste Paranaense (Guarapuava), Faculdade Metropolitana de Guaramirim (SC) e Faculdade Pitágoras – Unidade Divinópolis (MG).

Todos os dados deste capítulo são do Instituto Nacional de Estudos e Pesquisas Educacionais – INEP, coletados em 2013.

A queda da propaganda

No livro *A Queda da Propaganda – da mídia paga à mídia espontânea* – Editora Campus (*The fall of advertising & the rise of PR*), de Al Ries e Laura Ries, os autores não poupam argumentos para declarar a plenos pulmões que a propaganda morreu e não tem mais função para a construção das marcas e que esse papel é exercido pelas relações públicas. Portanto, não há serventia no debate nacional a respeito do uso das redes sociais pelas agências de propaganda, afinal elas não sabem fazer o que se propõem a debater.

Há alguns anos, Al Ries, autor de clássicos como *Marketing de Guerra* I e II e *Posicionamento*, esteve no Brasil para uma palestra em uma faculdade paulistana e fez a apresentação dos argumentos e fatos que o levam a acreditar que a propaganda acabou como instrumento de comunicação. Na época o fato não mereceu nenhum destaque. Mas na época também não mereciam destaque os assuntos que ocupam espaço na mídia especializada de hoje. De igual, mantemos a ignorância sobre o que pensa a família Ries.

Ao evitar o assunto, perpetuamos o modelo ultrapassado para o negócio da propaganda. Além de engessados em um sistema funcional que não atende os anunciantes, tampouco a maioria dos veículos de comunicação, não somos capazes de trazer para o mundo real discussões de inspiração acadêmica.

Algumas das tradicionais instituições de ensino de propaganda no Brasil também não acreditam na atividade, mas, como não têm o curso de relações públicas em seu portfólio, criam subterfúgios para a formação de um tipo de profissional multifacetado de difícil compreensão para quem estuda e para quem contrata.

Há sinais de todos os lados sobre a necessidade de repensar o negócio como um todo, desde a formação do profissional de propaganda até a execução do serviço de publicidade, passando pela delicada avaliação dos resultados. Esse é um movimento fundamental para que se contraponha, com alguma qualidade, as ideias de Al Ries. De outra forma estaremos fadados a nos fingir de surdos, agir como cegos e gritar como mudos.

Você encontrou tudo que queria neste livro?

É justo que queiramos o melhor, o sucesso para nossas iniciativas. Estudamos e trabalhamos para isso. Hoje conhecemos a eficiência de algumas práticas que fazem total diferença na forma com que os produtos são percebidos pelo consumidor. São fáceis de aplicar, mas não fazem parte, ainda, dos roteiros de tarefas ordinárias. Por isso são, em muitos casos, consideradas posturas extraordinárias.

Perguntar para os meus leitores (você) se eles encontraram tudo que esperavam neste livro parece algo fora do comum, mas não é, e será cada vez mais comum a preocupação com o depois da venda, com o pós-venda.

Essa matéria não é restrita aos profissionais de marketing. E considero que nós, publicitários, devemos prestar mais atenção ao que vem depois da propaganda e da venda de um produto ou serviço: a satisfação do consumidor. Esse será um nicho de atuação para nós, publicitários, e não duvido se, daqui a algum tempo, surgirem veículos especializados em perpetuar a relação dos produtos e serviços com seus consumidores.

De nada adiantam filmes publicitários maravilhosos, com atores de primeiro time, produzidos por profissionais renomados, se o que está sendo anunciado não corresponde, minimamente, à entrega. Fique preso em uma porta giratória de uma agência bancária, sendo abordado por um segurança através do vidro lhe pedindo para que tire tudo de metal que você tem no corpo, inclusive o pino que você tem na perna e o aparelho dos dentes, que toda a beleza do comercial que foi veiculado ontem à noite, durante sua novela, vai por água abaixo.

Esquivamo-nos desses temas. Afinal, como o profissional de criação, de mídia ou de atendimento de uma agência de propaganda pode minimizar ou interferir nos efeitos nefastos produzidos pela necessidade de segurança das agências bancárias? Não sei ao certo, mas tenho algumas ideias.

Toda campanha publicitária é precedida de uma série de reuniões. Primeiro com o gerente de marketing e sua equipe, depois com o diretor de marketing, depois com mais alguns diretores e, por último, com o presidente. Algumas vezes a família do presidente também dá seus palpites. Enfim, antes de chegar à sua casa, o anúncio passa por um verdadeiro calvário de aprovações, recheado de palpites e "achismos".

Pois bem, poucas vezes tive conhecimento de empresas anunciantes que submetessem suas propostas criativas àqueles que fazem o dia a dia do negócio e que se relacionam com o consumidor. Um supermercado que se utiliza das ofertas para atrair os consumidores deveria submeter seus apelos publicitários aos funcionários do caixa. São eles que mantêm contato com o consumidor exatamente no momento do pagamento, ou seja, no momento de se realizar a promessa feita na TV ou nas páginas de jornal. Assim como um banco que promete simpatia deveria apresentar o anúncio para seus seguranças, que são as primeiras caras que se vê ao entrar em uma agência bancária.

Hoje nós, consumidores, somos muito conhecidos e, quanto mais conhecidos, mais ignorados. Parece um contrassenso, mas algumas empresas querem saber muito sobre nós para não fazerem nada com essa informação. As operadoras de TV por assinatura são um ótimo exemplo de um péssimo serviço. Elas sabem quem somos e onde moramos. Conhecem alguns dos nossos gostos, pois ao dividirem a sua programação em pacotes são capazes de identificar nossas preferências. Se chegarmos ao cúmulo de comprar uma programação *pay per view*, a informação fica ainda mais completa. E o que fazer com tudo isso? Nada, absolutamente nada. Pior: é muito melhor não ser cliente de uma operadora de TV por assinatura do que ser. O telefone à disposição dos que não são usuários é atendido rapidamente. O telefone à disposição dos que já são usuários não atende ou, se atende, informa que "todas as nossas posições estão ocupadas, tente mais tarde".

Não é possível não considerarmos que esse tratamento é um dano para o trabalho do profissional de propaganda. As novas gerações de publicitários terão uma tarefa extra de colaborar com seus clientes para a prestação de mais e melhores serviços. Um dos segmentos mais disputados e que mais prestígio traz para uma agência de propaganda é o automobilístico. Atender uma conta publicitária de uma marca de carro é uma oportunidade para todos os profissionais envolvidos no trabalho.

Esse segmento, além de muito disputado, permite a criação de peças publicitárias que podem fazer a diferença na carreira de um publicitário. Tudo lindo, tudo maravilhoso, não fossem os carros vendidos por lojistas despreparados, que colocam em risco todo o trabalho desenvolvido pela comunicação. Culpados? A indústria, sem dúvida.

Um caso clássico é a cobrança em separado da pintura e do frete. Isso é uma agressão, só admissível pelo caráter amigável do brasileiro. Se a pintura é cobrada à parte, podemos considerar a possibilidade de levar o carro sem pintura. E se o frete não está incluso no preço público do carro, podemos também considerar a possibilidade de buscar o carro onde ele está antes do frete. Experimente formular essas duas questões para o atencioso vendedor que está à sua frente falando das maravilhas do carro.

Os profissionais de propaganda que se destacam não estão restritos só às criações geniais, mas também ao pensamento amplo de todas as formas com que o consumidor se relaciona com a marca, produto ou serviço que está sendo anunciado. Por isso, as agências se apressaram em montar estruturas que atendam a outras competências que não só a propaganda. Porém, conhecer e dispor de outras ferramentas não credencia uma agência quanto à eficiência da operação. O mais importante é sair do escritório, ir para a rua e observar como o consumidor se relaciona com o produto que será anunciado. Esse é o melhor briefing que um publicitário pode ter.

Visite nosso site e conheça estes e outros lançamentos
www.matrixeditora.com.br

OLHAR FEMININO
Autor: Ricardo Lordes
Neste livro, o publicitário Ricardo Lordes conta como criou campanhas para Natura, Roche, Contigo, Bosch e Continental, entre outros anunciantes. Campanhas que fizeram sucesso com as mulheres. Ideias que podem inspirar diversas pessoas a conduzirem melhor seus negócios para esse e outros públicos.

LÍDER DE SI MESMO
Autor: Roberto Re
O mundo está mudando cada vez mais rápido e nos pedindo cada vez mais. Isso torna certas tarefas difíceis de realizar, porque nosso pensamento se torna limitado e não percebemos a nossa incapacidade de gerir as emoções. Nós temos todas as possibilidades de obter grandes resultados, mas não sabemos como usar melhor o nosso incrível potencial – este livro nos ensina como fazê-lo. Com os seus cursos de formação, Roberto Re conquistou o respeito de milhares de pessoas, treinou gerentes de importantes empresas da Itália e melhorou o desempenho de atletas e de equipes esportivas.

COACHING IN A BOX
Autora: Flávia Lippi
100 perguntas para iniciar um processo de autodesenvolvimento e alta performance com os mais importantes conceitos de coaching. Um emocionante desafio para encontrar e desenvolver suas habilidades e potencialidades.

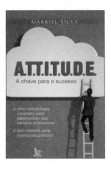

A.T.T.I.T.U.D.E.
Autor: Gabriel Silva
Está na hora de subir alguns degraus na sua carreira e alcançar o seu sucesso profissional. Para ajudá-lo, o autor Gabriel Silva criou uma metodologia inteligente e fácil de ser colocada em prática, que ele batizou de A.T.T.I.T.U.D.E.
Composta de oito pontos que formam essa sigla, esta obra mostra que construir uma carreira bem-sucedida é possível através da persistência, determinação e atitudes positivas. Este livro é um guia completo que aborda de maneira clara os passos que deverão ser percorridos para isso.

facebook.com/MatrixEditora

Impresso por :

gráfica e editora

Tel.:11 2769-9056